한 권으로 끝내는

견체학

발트바우 코칭스텝

차지호 · 구태호 · 이혜영 · 김민찬 · 박소희
수의사 송창훈

저자 차지호

    제가 애견훈련학과 대학교를 졸업하고 발트바우에서 훈련사로써 일을 하기 시작하면서 처음 공부한 것이 다름 아닌 견체학이었습니다. 이 책의 저자이자 제 스승이신 구태호 소장님이 늘 하시는 말씀이 "도자기공이 도자기 만드는 재료가 무엇인지, 어떻게 빚는지 모르는 게 말이 되냐"며, "훈련사라면, 개를 공부하는 사람이라면, 개에 대해서 먼저 알아야 한다"는 것이었습니다. 그래서 훈련의 기술을 터득하기에 앞서 먼저 '개' 자체에 대해 공부하기 시작했습니다. 처음에는 그저 각 신체 부위의 위치나 기능 정도만 알고 있었다면, 계속해서 꼬리에 꼬리를 무는 질문을 스스로에게 던지며 견체에 대한 견문을 넓혀 갔습니다. '이 뼈는 다른 뼈랑 모양이 왜 다를까?', '아 이 뼈는 근육의 부착면이 되어야 하는구나. 그렇다면 왜 이 뼈가 저 근육의 부착면이 돼야만 했을까?' 이런 질문들로 보다 깊이 있는 공부를 할 수 있었습니다. 이렇게 견체학을 공부하는 중에 어떤 의문이 생기면 그 의문을 간단한 영단어로 조합하여 외국 포털 사이트에 검색하는 방법으로 정보를 검색했습니다. 아무래도 영어를 한글로 번역하는 과정에서 맞지 않는 부분도 있었고 제가 찾고자 하는 정보와는 다른 정보가 나오는 어려움을 겪기도 했습니다. 또, 우리나라의 반려견 문화가 본격화된 지 얼마 되지 않았기 때문에 우리나라 포털 사이트에 검색하는 것만으로 견체에 대해 얻을 수 있는 정보는 한정적이었습니다. 그래서 보다 편하게 견체학을 접할 수 있도록 발트바우 코칭 스텝들과 수의사 송창훈 원장님이 함께 이 도서를 발간하게 되었습니다.

견체학 도서를 발간하는 이 시점에도 계속해서 새로운 정보를 얻고 깨달으며 공부하고 있습니다. 다른 학문들도 그렇겠지만 견체학은 파고들수록 탐구심이 생기고 알아가면 알아갈수록 매력적인 학문인 것 같습니다. 앞서 말했듯이 독자분들도 이 도서를 읽으시며 단순한 궁금증에도 계속 질문을 던지며 깊이 있게 공부해보시기를 추천 드립니다.

반려견 시장이 커가는 만큼 다양한 관련 분야에서 전문가들이 많아질 것이고 실제로 지금도 그렇게 되고 있습니다. 반려견 훈련사, 반려견 미용사와 같은 반려견 관련 직종을 위해 공부를 하고 있는 분들, 실제로 관련 직종에 종사 중이신 분들, 더 나아가 직업이 아닌 반려인으로써 살아가는 모든분들이 이 도서를 읽으시며 나와 함께하는 반려견에 대해 조금이나마 더 알아가는 시간이 되시기를 바랍니다.

WALD BOW 코칭 스탭

차지호 · 구태호 · 이혜영 · 김민찬 · 박소희

수의사 송창훈 원장

전) 굿프랜드 애견훈련학교 역임
현) 발트바우 Agility 클럽 코치
현) (사)한국애견협회 1등, 2등, 3등 반려견 지도사
전) 한국 예술실용학교 교수
전) 서울호서예술실용전문학교 교수
전) (사)한국애견협회 플라이볼 분과위원장
전) (사)한국애견협회 가정견, 동반견 훈련심사위원
전) (사)한국애견협회 Agility 심사위원

WUSV 세계훈련경기대회 한국대표 선발전 IPO3 1등
KKC 추계종합훈련경기대회 최우수 지도수상 수상
KKC Agility 챔피언십 통합챔피언 / 최우수클럽 수상
KKC Agility 챔피언십 최우수 클럽선정
대전시장배 Agility 대회 본부전 우승 대전시장상 수상
KKC 코리아 Agility 그랑프리 파이널 통합챔피언 / 단체전
　　최우수클럽 수상
KKC 코리아 Agility 챔피언십 베스트클럽 수상
관세국경관리연수원장 감사패 수여
KKCAgility 챔피언십 박정 국회의원상 수여
TV 프로그램 '개밥 주는 남자' Agility 뚜이편 지도

집필) 슬기로운 어질리티 생활 저자
집필) 더 건강한 강아지만들기 독크로스핏 저자

CHAPTER 01
개의 기원과 역사

1. 개와 늑대의 차이점 — 17

CHAPTER 02
견체학이란?

1. 골격계 — 23
2. 근육계 — 25

CHAPTER 03
전 구

1. 머 리 — 31
   1.1 머리 부위 근육 — 33
2. 눈 — 35
   2.1 양안시와 단안시 — 36
   2.2 눈의 구조 — 38
   2.3 사물을 보는 과정 — 43
   2.4 눈의 색상과 형태 — 44
   2.5 시각 하운드 — 47
   2.6 대표 질환 — 48
3. 코 — 49
   3.1 코의 구조 — 50
   3.2 냄새를 맡는 과정 — 54
   3.3 뛰어난 후각 능력 — 55
   3.4 후각 하운드 — 58
   3.5 대표 질환 — 59

4.	입	60
	4.1 입의 구조	61
	4.2 상악골과 하악골	62
	4.3 입술의 사용	63
	4.4 이 빨	64
	4.5 교 합	66
	4.6 혀	69
	4.7 혀의 색깔	72
	4.8 대표 질환	73
5.	귀	74
	5.1 귀의 구조	75
	5.2 외 이	76
	5.3 중 이	77
	5.4 내 이	78
	5.5 소리를 듣는 과정	80
	5.6 뛰어난 청각 능력	81
	5.7 귀의 형태	82
	5.8 대표 질환	84
6.	척추와 척주	85
	6.1 대표 질환	87
7.	목	88
	7.1 머리와 목의 상관관계	89

7.2	목의 형태	91
7.3	경 추	92

8. 앞다리 95
    8.1 앞다리 부위 근육 98
    8.2 견갑골 99
    8.3 상완골 100
    8.4 요골과 척골 101
    8.5 앞다리의 구성과 각도 102
    8.6 앞 발 105
    8.7 올바른 앞다리 구성 111
    8.8 대표 질환 113

CHAPTER 04
중구

1. 중구 부위 근육 117
2. 등 118
    2.1 흉 추 119
    2.2 흉 강 125
3. 배 129
    3.1 복 강 130
    3.2 육식동물과 초식동물의 소화기관 131
4. 허 리 133
    4.1 요 추 134
5. 탑라인 136

CHAPTER 05
후 구

1. 후구 부위 근육 — 145
2. 골 반 — 147
3. 대퇴골 — 150
    - 3.1 대퇴골의 길이에 따른 차이 — 152
4. 슬개골 — 153
5. 경골과 비골 — 154
6. 뒷 발 — 155
7. 아킬레스건 — 156
8. 비 절 — 158
9. 대표 질환 — 160
10. 꼬 리 — 162
    - 10.1 꼬리의 형태 — 164
    - 10.2 꼬리의 움직임 — 168

CHAPTER 06
보행법

1. 보행의 종류 — 177
    - 1.1 워 크 walk — 178
    - 1.2 앰 블 amble — 179
    - 1.3 페이스 pace — 180
    - 1.4 트 롯 trot — 181
    - 1.5 캔 터 canter — 182
    - 1.6 캘 럽 gallop/run — 183
2. 싱글 트래킹 — 185
3. 견종별 특정 보행법 — 188

견체 외부도

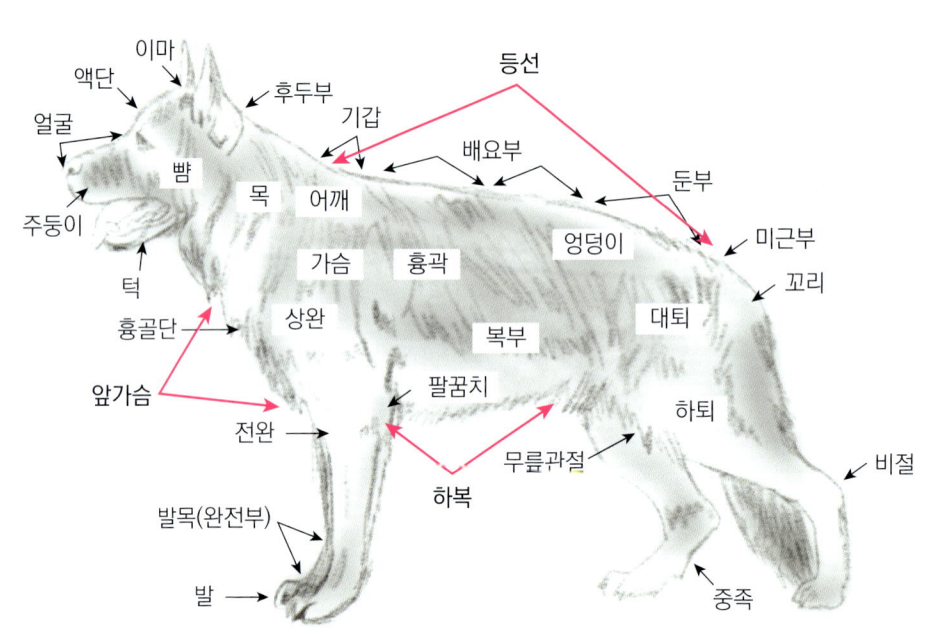

견체 골격도

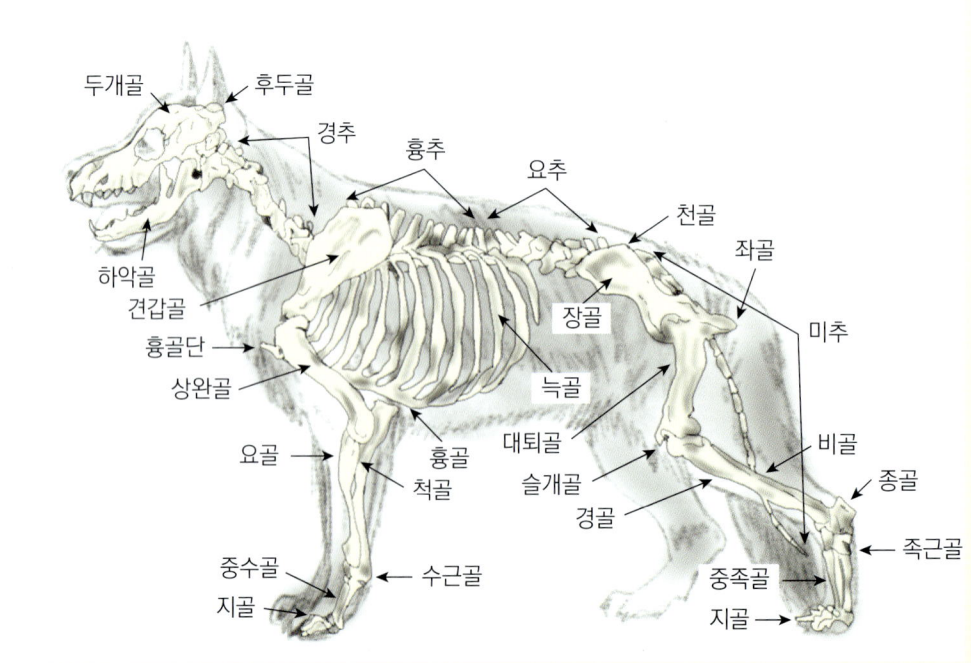

견체 근육 구조도

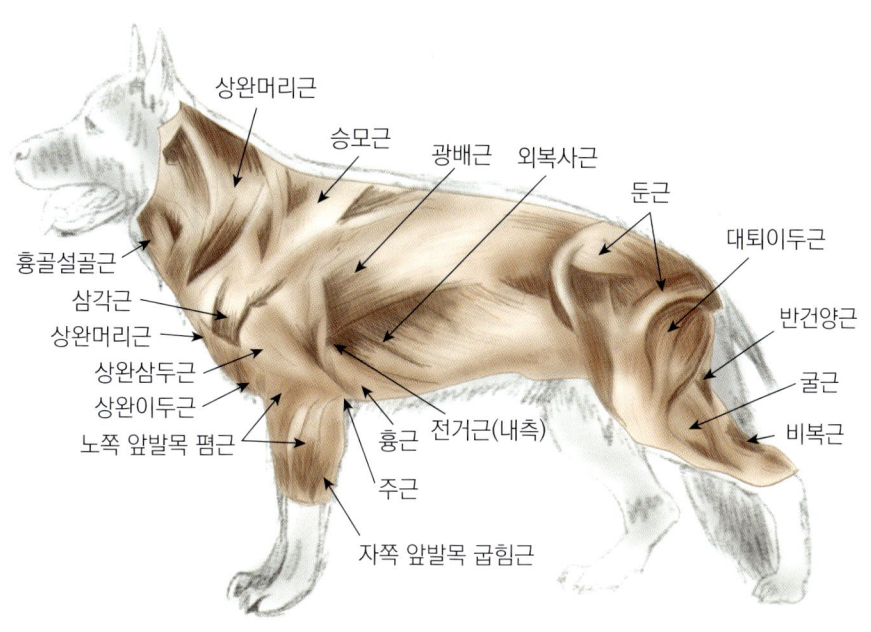

출처 : 좌 - <a href="https://kr.freepik.com/free-photo/wolf-pack-in-natural-environment_47933706.htm#query=%EB%8A%91%EB%8C%80&position=5&from_view=search&track=sph&uuid=bb403bd0-2c3c-4f6b-a708-0e79bf92ca1e">Freepik</a>

CHAPTER 01

개의 기원과 역사

1. 개와 늑대의 차이점

견체학

출처 : 좌-〈a href="https://kr.freepik.com/free-photo/wolf-pack-in-natural-environment_47933706.htm#query=%EB%8A%91%EB%8C%80&position=5&from_view=search&track=sph&uuid=bb403bd0-2c3c-4f6b-a708-0e79bf92ca1e"〉Freepik〈/a〉

견체학에 들어가기에 앞서 먼저 개라는 종은 어떻게 생겨났는지, 어떤 역사를 가지고 있는지에 대해 먼저 알아보려고 한다.

개는 늑대에서 진화해 온 종으로 유전자가 99.96% 일치한다. 0.04%만의 차이가 존재한다는 것인데 이는 인종 간 유전적 차이인 0.1%보다 낮은 수치이다. 즉 황인, 백인, 흑인과 같은 인종 간의 유전적 차이보다 그 차이가 더 적다는 것을 의미한다.

개가 처음으로 지구상에 등장한 것은 학자들마다 의견이 다르지만 보통 15000년 전 회색늑대를 길들인 것이 개의 시초라는 주장이 가장 강력하게 추정되고 있다. 개라는 존재가 만들어진 것은 신석기시대에 사람들이 모여 살기 시작하면서 마을을 구성했고, 비교적 사람을 덜 두려워하는 늑대들이 사람의 집단생

활에서 나오는 음식물 쓰레기를 먹으며 사람 주변에서 생활하게 된 것이 시작이다.

이는 한 실험을 통해 알 수 있는데 바로 1950년대에 러시아 연구학자인 드미트리 벨라예프가 진행했던 '은여우 실험'이다. 이 실험에서는 야생 늑대가 수만 년 인간과 함께하며 오늘날 개와 같이 사육되는 과정을 함축적으로 모방한 실험이다. 은여우 실험은 간단하게 정리하자면 사람에게 친근하고 호의적으로 다가오는 개체와 사람에게 경계하고 공격성을 보이는 개체를 나눠서 몇 세대에 거쳐 선택적인 교배를 통해 그 성향이 유전 되는가에 대한 실험이다.

4세대부터 그 성질이 발현되었는데, 4세대에서 일부 은여우가 사람을 반기며 심지어는 꼬리를 흔드는 호의적인 반응을 보이기 시작했다. 그런데 4세대에 거쳐 변화한 것은 성격분만이 아니라 외형적인 모습에도 있었다. 주둥이는 짧아지고 곧게 서 있던 귀는 처지고 다리가 짧아지고 얼굴은 점점 둥그런 형태를 보이게 된 것이다. 이처럼 오랜 세대를 거친 교배를 통해 야생성이 강하던 늑대에서 현재 사람과 공존하는 개로 변화해왔다는 것을 간접적으로 알아 볼 수 있다.

현대에는 말티즈, 보더콜리, 그레이트 데인 등 그 크기와 특징이 제각각인 여러 견종들이 존재한다. 각 용도에 따라 선택적인 교배를 통해 다양한 형태를 한 견종들이 생겨난 것이다. 또 개는 수렵, 농경 생활을 하던 인간들과 같이 생활하고 음식도 인간이 먹는 것을 먹어왔기 때문에 탄수화물 소화능력이 늑대보다 약 5배 뛰어나다고 한다. 인간과 공존하기 위해 소화기관도 변화해 온 것이다. 이를 통해 개는 사람이 최초로 가축화에 성공한 동물로써 사람과 함께 공존하며, 공존하기 위해 적합한 형태로 진화해왔다는 것을 알 수 있다. 개와 늑대의 차이점을 통해 알아보자.

1 개와 늑대의 차이점

늑대는 야생에서 활동하며 혹독한 환경의 적응을 위해 1번 발정이 온다. 1~2월 쯤 발정이 와서 짝짓기를 하고 60일 정도의 임신기간을 거쳐 3~4월 쯤 되는 따뜻한 봄에 출산한다. 야생이 아닌 사람과 함께 살아가는 개는 새끼를 길러내기에 혹독한 환경이 아니기에 계절에 상관없이 2번 발정이 오고 60일 정도의 임신기간을 거쳐 출산한다. 출산 두수도 늑대보다는 개가 많다. 사람과 공존하며 신경 써야 할 외부의 위험 요소들이 줄어 번식력이 좋아지고 그 출산 두수도 많게 진화해 온 것이다.

의사소통의 방법에서도 차이를 보인다. 늑대의 가장 대표적인 의사소통 방법으로는 하울링이 있다. 길게 우~하고 우는 소리를 통해 위급한 일이 생겨 무리를 모아야 하는 상황 등을 알린다.

개는 하울링을 하기도 하지만 짖거나 낑낑거리는 등 다양한 상황에 적절한 여러 가지 형태의 소리로 의사소통을 한다.

소리만 내는 것이 아니라 꼬리를 흔들거나, 귀를 젖히거나 하품을 하는 등 몸의 움직임을 통해 사람에게 의사전달이 원활하도록 진화해온 것이다. 또한 얼굴 표정으로도 의사전달을 한다. 이는 표정근육이 발달했기 때문인데, 한 연구에 따르면 개는 늑대보다 표정근육을 빨리 움직일 수 있다고 한다. 그래서 상황에 맞는 표정을 지어 적절한 소통을 할 수 있는 것이다. 또한 개는 늑대에게 없는 눈을 크게 뜨게 하는 근육이 있어 보다 명확한 의사 전달이 가능하다.

개의 기원과 역사, 늑대와의 연관성에 대해 알아봤고 본격적으로 견체학이란 무엇인지, 견체의 각 부위는 어떤 역할을 하는지에 대해 알아보자

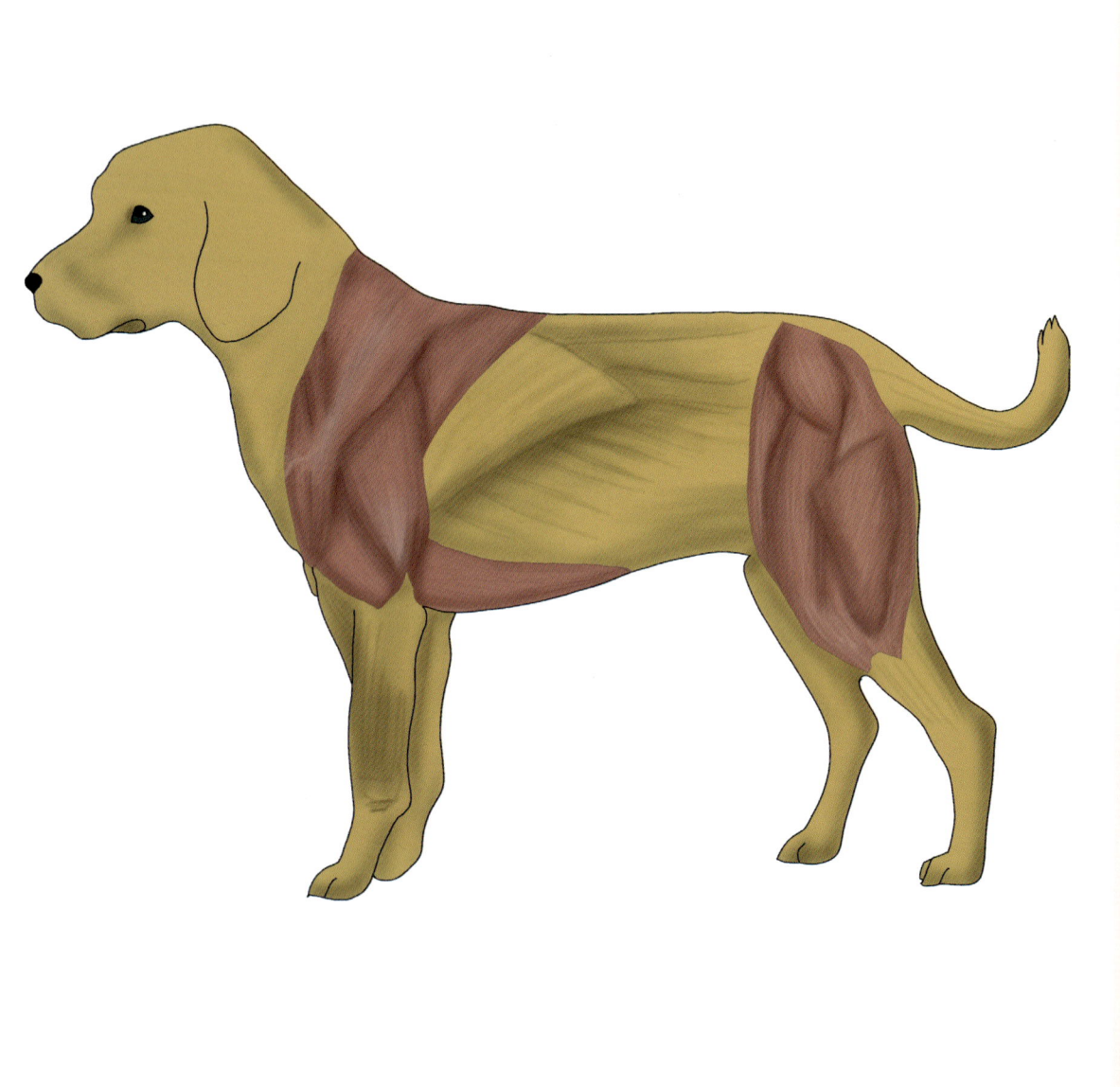

CHAPTER 02

견체학이란?

 골격계
 근육계

견체학

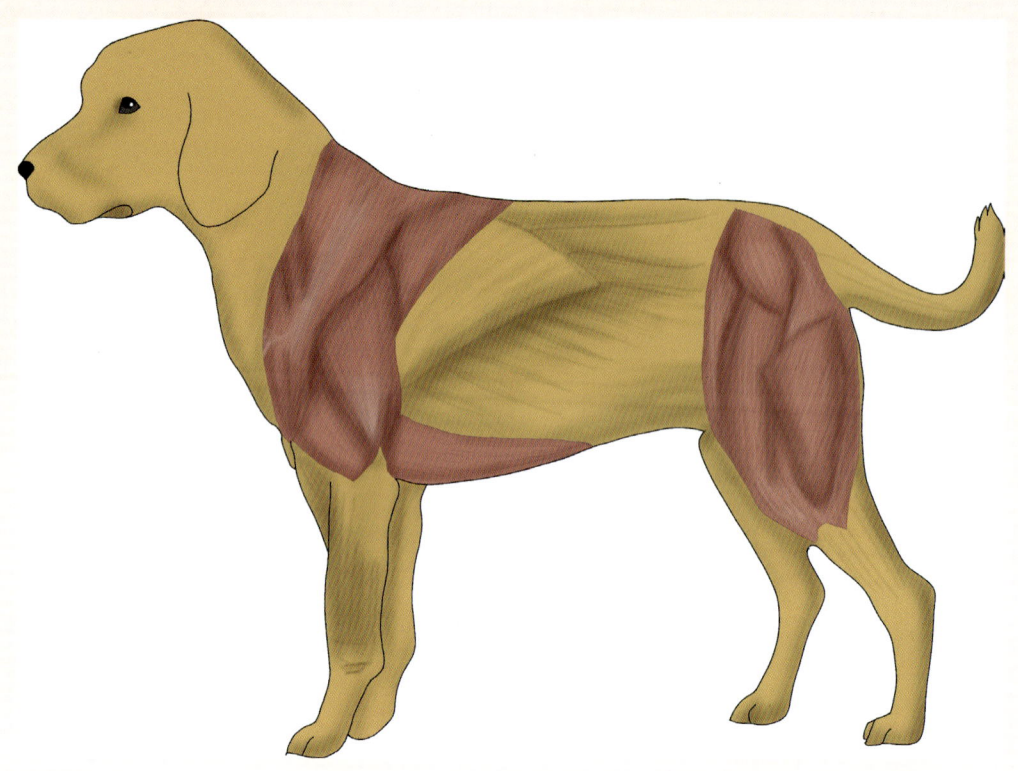

견체학은 말 그대로 개의 몸 구조를 과학적으로 연구하는 학문을 말하며, 말의 구성을 보는 마체학에서 유래되었다. 개의 운동, 보행, 행동양식, 신체 부위별 기능 등을 알기 위해서 견체학은 중요한 학문이라고 볼 수 있다. 특히 개에 대해서 알아보고자, 공부를 하려는 사람들에게는 더더욱 필수적인 학문이라고 볼 수 있다. 도자기공이 도자기 만드는 재료가 무엇인지, 어떻게 빚는지 모르는 게 말이 되지 않는 것처럼, 애견 훈련, 애견 미용과 같은 전문적인 직업을 갖거나, 그게 아니더라도 반려인으로써의 삶을 함께 한다고 해도 개와 함께 하기 위해서는 기본적으로 '개' 자체에 대한 이해가 있어야 한다. 그리고 그 개를 이해하는데 있어 첫째가 되는 것이 '견체학'인 것이다.

1 골격계

개의 몸은 사람과 마찬가지로 크게 골격과 근육으로 나눌 수 있다. 먼저 골격계에 대해 알아보자.

견체 골격도

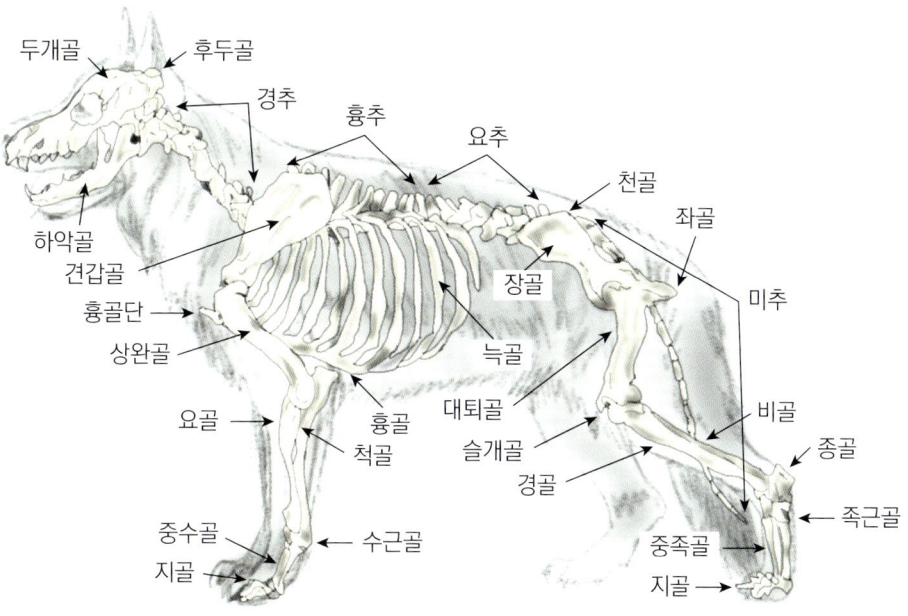

골격계는 몸속에서 중심을 잡아주는 뼈대 역할을 하고 내부의 연부조직을 보호하며 설 수 있게 해주는 신체 구성요소이다. 골격계는 체중을 지탱하며 몸을 지지하는 역할을 하고 갑옷의 역할을 하며 외부의 충격으로부터 장기 보호하는 역할을 한다. 또 근육과 함께 여러 형태로 움직이기 위한 뼈대 역할을 한다.

뼈는 부위별로 모양이 다 다른데, 이는 뼈의 위치와 그 역할에 따라 다른 모양을 하고 있는 것이다.

긴 뼈는 대퇴골이나 상완골 같이 비교적 길이가 긴 뼈를 말하고, 체중을 지탱하거나 움직임의 주된 역할을 하는 뼈이다.

납작뼈는 흉골, 견갑골, 늑골, 두개골과 같이 납작한 모양의 뼈를 말하고 주로 내부 기관을 보호하는 역할을 한다.

짧은 뼈는 손목과 발목에 있는 뼈를 말하고 관절에 안정성을 부여하거나 미세한 움직임이 가능하게 하는 뼈이다.

종자뼈는 다른 뼈와 관절하지 않고 특정 인대나 힘줄에 포함되어 있는 뼈를 말한다. 대표적으로 무릎뼈를 생각하면 되고 힘줄을 압력과 마모로부터 보호하기 위해 생겨나는 경우가 있으며 주로 손과 발을 자주 쓰는 경우에 많이 생기는 뼈이다.

마지막으로 불규칙뼈이다. 생김새가 불규칙한 뼈를 말하고, 척추, 골반의 뼈들이 대표적이며 내부 기관을 보호하는 역할을 한다.

2 근육계

견체 근육 구조도

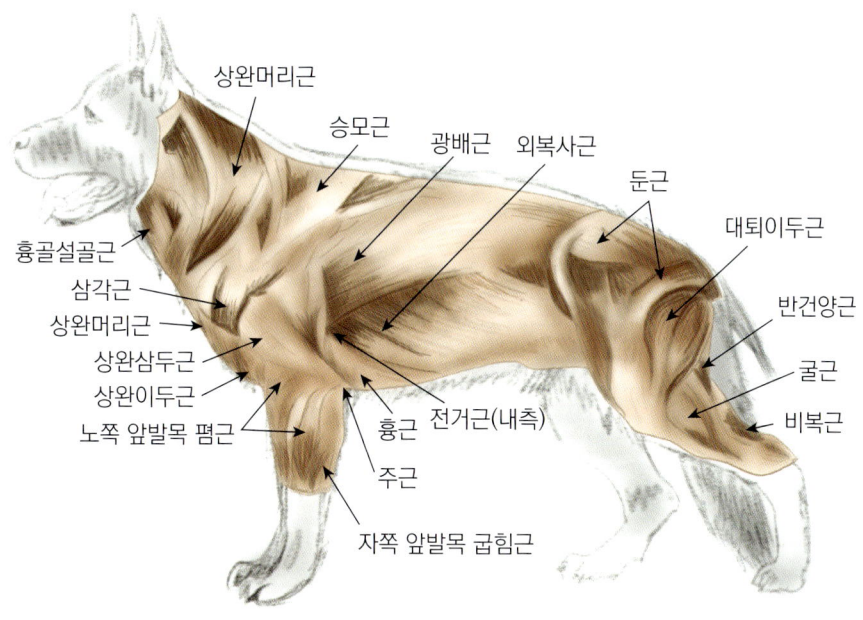

　근육계는 동물에서 몸 각 부위의 운동을 일으키고 형태를 유지하는 신체 구성요소를 말하며, 한 개 이상의 뼈에 부착되어 있으며, 움직임, 자세 유지, 저작 및 소화, 호흡, 의사소통, 혈액순환, 체온유지 등의 기능을 한다. 신체를 움직여서 하는 모든 일들에 관여하는 구성요소이다. 근육은 4가지 성질을 가지고 있다. 먼저 자극을 받으면 이완된 상태의 길이보다 2/3까지 줄어들 수 있는 수축성을 가지고 있다. 반대로 이완 상태보다 최대 1.5배까지 늘어날 수 있는 신장성을 가지고 있으며 또한 전기적 자극에 반응하는 흥분성을 가지고 있는데, 이는 고주파 치료기를 몸에 붙였을 때 의지와 상관없이 부착 부위의 근육이 꿈틀대며 움직이는 모습을 떠올리면 된다. 마지막으로 탄성이다. 근육이 원래 모양과 길이로 돌아오는 성질을 말하는데, 만약 탄성이 없다면 어떤 동작을 취했을 때 몸이 다시 원상태로 돌아가지 못하게 된다.

근육은 서로 협력하고, 뼈와도 협력하여 움직임에 있어 각각의 역할을 수행한다. 어떤 동작을 취하는 데 있어 이를 수행하는 가장 강한 근육을 작용근이라고 한다. 반대로 대항근은 작용근에 반대되는 근육을 말한다. 예를 들어 바벨운동에서 팔꿈치를 굽혀 바벨을 들어 올릴 때는 상완이두근이 작용근, 상완삼두근이 대항근이 되는 것이다. 다음으로 협력근은 작용근이 수축할 때 원하지 않는 동작을 예방하여 정확한 자세를 취할 수 있도록 도와주는 근육을 말한다. 앞서 나온 바벨 운동으로 예를 들면, 정확한 바벨운동을 반복함으로 상완이두근의 근력 강화가 이루어지는데 이를 위해 전완근, 손목 주변부 근육들이 협력근이 될 수 있다. 마지막으로 고정근은 관절을 안정시켜 원치 않는 동작을 제어하고 움직임의 정확성을 높이는 근육이다. 설명으로는 협력근과 비슷해 보일 수 있지만, 그중에서도 가장 큰 근육, 뿌리가 되는 근육이다. 바벨 운동에서 견갑근이 될 수 있다.

개의 몸은 전구, 중구, 후구로 총 3부분으로 나눌 수가 있다. 말 그대로 앞부분, 중간 부분, 뒷부분을 의미한다. 전구는 머리, 목, 앞다리를 포함하고 중구는 등, 가슴, 배, 허리를 포함하고, 후구는 골반, 뒷다리, 꼬리를 포함한다. 각 기관의 기능과 역할에 대해 알아보고, 마지막 목차에 개의 움직임과 보행법에 대해서까지 알아보자.

CHAPTER 03

전 구

1. 머리
2. 눈
3. 코
4. 입
5. 귀
6. 척추와 척주
7. 목
8. 앞다리

견체학

전구는 머리, 목, 앞다리를 포함하는데, 특히 개의 머리는 어떠한 작업을 수행하는데 있어서 중요한 역할을 하는 기관이 몰려 있는 부분이다. 시각을 담당하는 눈, 후각을 담당하는 코, 청각을 담당하는 귀까지 포함한다. 머리의 움직임을 관장하는 주요 부위 근육들과 각 기관의 역할과 구조에 대해 알아보자.

1 머리

　개의 얼굴만 보면 어느 견종인지 대부분 알아볼 수 있을 만큼 머리는 각 견종의 특징을 가장 잘 나타내는 부위이다. 시각을 담당하는 눈, 후각을 담당하는 코, 청각을 담당하는 귀를 포함한 부위로 여러 작업을 수행하는데 있어서 중요한 역할을 한다.

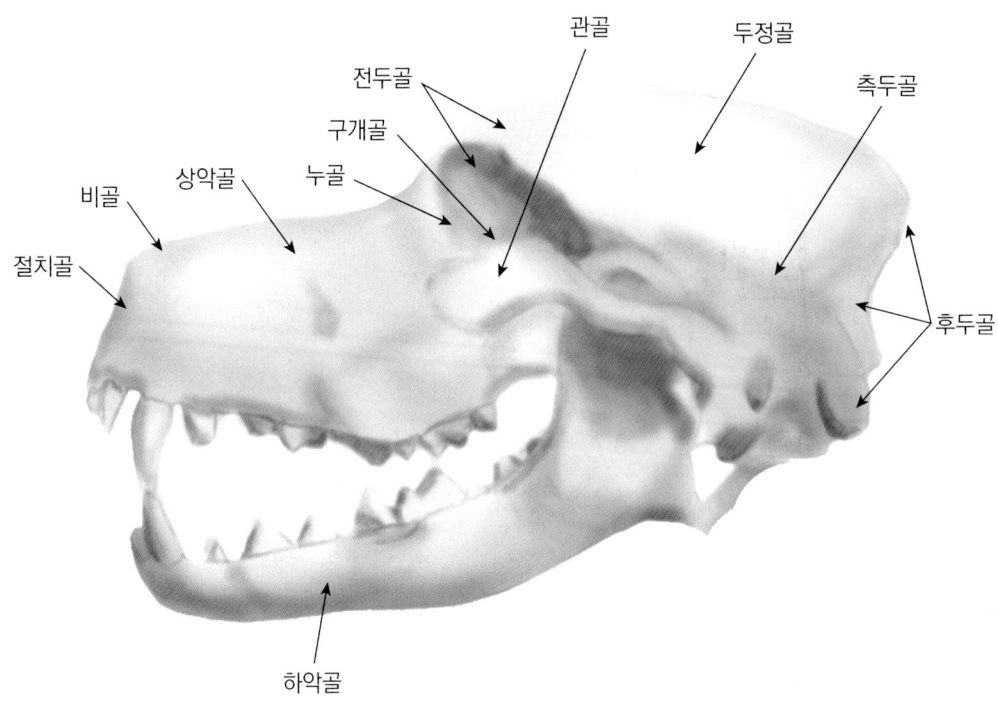

머리는 크게 전두골, 두정골, 측두골, 후두골, 상악골, 하악골 등으로 이루어져 경추와 연결된다.

1.1 머리 부위 근육

머리 부위 근육은 복장머리근, 상완머리근, 흉골설골근, 판상근이 있다. 각 역할에 대해 알아보자.

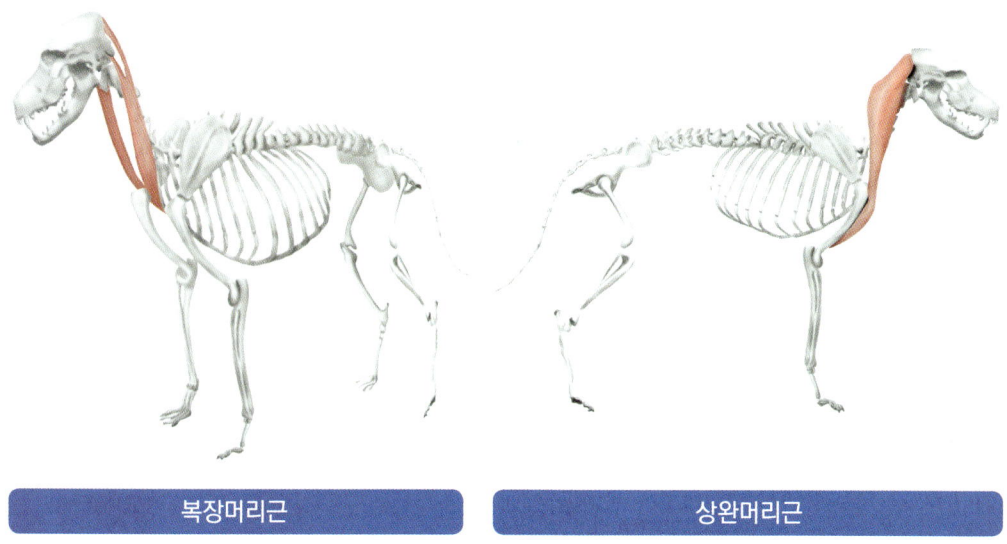

| 복장머리근 | 상완머리근 |

먼저 복장머리근이다. 복장머리근은 목 척추 관절을 보호하고 머리를 회전하는 역할을 한다. 사람의 경우 목을 좌우로 돌렸을 때 가장 두드러지게 나와 있어 관찰할 수 있는 근육이다. 다음으로 상완머리근은 앞다리에 하중이 가해질 때 목을 가쪽으로 굽혀주는 역할을 한다. 특히 질주하다가 급브레이크를 잡을 때, 앞다리가 앞으로 나가며 속도를 줄일 때 사용하는 근육이다.

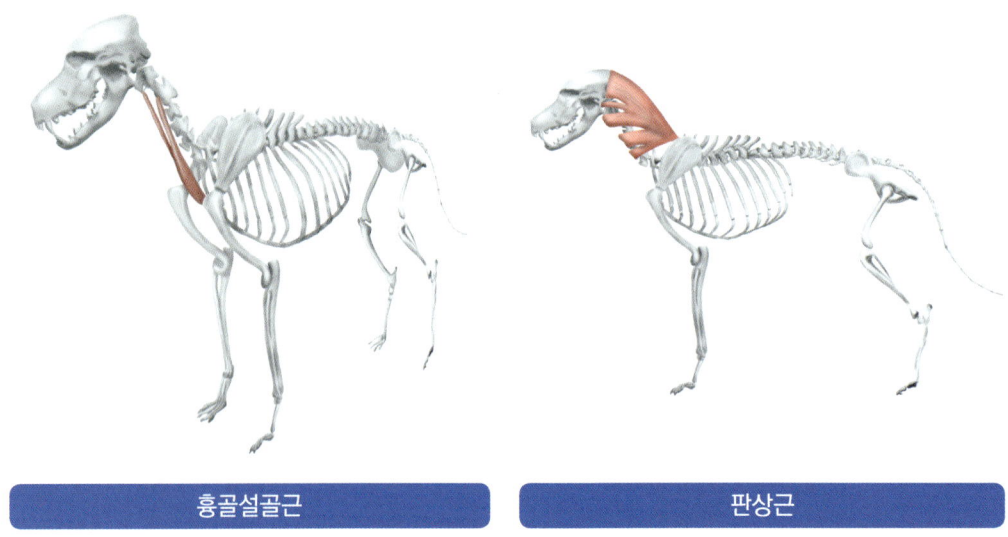

| 흉골설골근 | 판상근 |

흉골설골근은 음식을 삼킬 때 목뿔뼈를 내려주고 머리를 내리는 역할을 한다.

판상근은 경추 뒤쪽에 붙어 있고 흉추까지 닿아있는 큰 근육이다. 목을 펴거나 머리를 회전시키는 역할을 한다. 개가 수면을 취한 후, 혹은 오랜 휴식 후에 기지개 켜는 모습을 상상해보면 그때 사용하는 목 근육이 판상근이다.

이제 머리에 속해 있는 기관들에 대해 알아보자

2 눈

눈은 시각을 담당하는 기관이다.

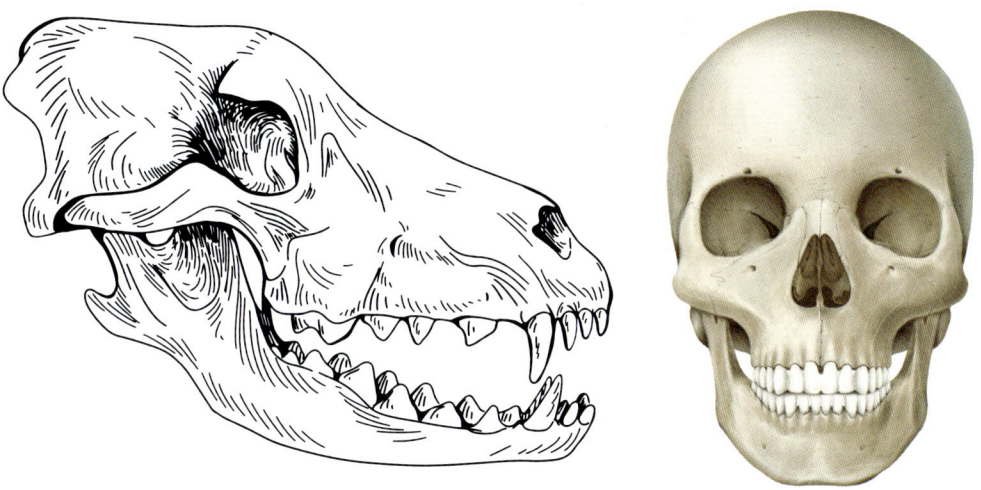

눈은 두개골에 깊이 있는 '안와'라고 하는 구멍에 위치한다. 개의 눈은 전방을 향해있는데, 대체로 사냥하는 포식자의 위치에 있는 육식동물들의 눈은 전방을 향해있고, 사냥을 당하는 피식자의 위치에 있는 초식동물들은 눈이 양옆에 위치한다. 그 이유는 양안시와 단안시를 이해하면 알 수 있다.

2.1 양안시와 단안시

　양안시란 사물을 볼 때 두 눈을 뜨고 두 눈으로 사물을 보는 것을 말하고, 단안시란 사물을 볼 때 한 눈으로 독립적으로 사물을 보는 것을 말한다. 사람으로 예를 들면 사람은 평상시에는 양안시이지만, 한쪽 눈을 다치거나 불편해서 감고 반대쪽 눈만 사용한다면 단안시라고 볼 수 있는 것이다.

　양안시는 두 눈이 겹치는 시야각이 발생하는데, 이는 사물을 볼 때 입체감과 깊이감을 더해주는 기능을 한다. 두 눈으로 본다고 해도 의도치 않게 더 많이 쓰는 눈이 생기는데 이를 주안시라고 하며, 주안시가 손상되면 거리감이나 입체감, 균형감각이 떨어지게 된다.

　반대로 단안시는 각 눈이 독립적으로 다른 사물을 볼 수가 있는데, 눈이 두개골 양옆에 위치하게 되는 초식동물의 경우 더 넓은 시야를 가질 수 있게 된다. 이는 포식자들의 공격에 더 빠르게 대처할 수 있는 역할을 한다. 이에 대해서는 조금 더 자세히 알아보자.

　일반적으로 육식동물들의 눈은 전방을 향해 위치하고, 초식동물들의 눈은 측면에 위치한다. 그렇다면 '왜 육식동물과 초식동물의 눈의 위치가 다른가?' 라는 의문은 육식동물과 초식동물의 가장 큰 특징이 무엇인지를 통해 알 수 있다. 육식동물 같은 경우에는 사냥감의 위치를 파악하고 거리감이 얼마나 되는가를 측정해서 사냥을 해야 한다는 특징이 있고, 반대로 초식동물 같은 경우에는 항상 주위를 경계하면서 포식자가 어디서 오는가를 빠르게 파악해서 도망가야 한다는 특징이 있다. 그래서 초식동물은 눈이 머리의 측면에 위치함으로써 각각의 눈이 180도에 가까운 시야를 담당해 보다 넓은 시야각을 가질 수 있게 되는 것이다. 만약에 초식동물의 눈이 전방을 향해 위치하게 된다면, 뒤쪽은 무방비 상태이기 때문에 사냥을 당하기 쉽게 될 것이다. 반면에 코끼리나 코뿔소 같은 강하고 사냥의 위험이 비교적 적은 초식동물들의 눈은 전방을 향해 위치되는 경향이 있다.

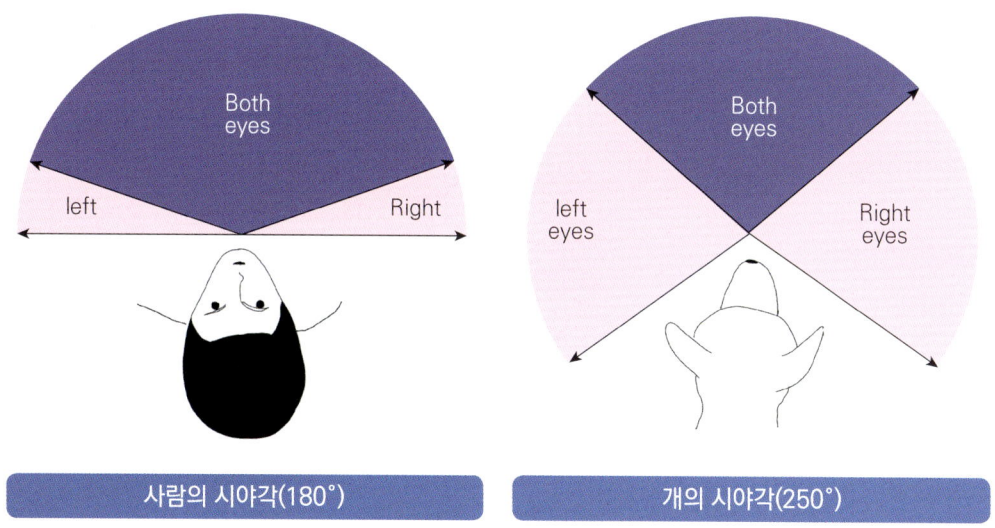

사람의 시야각(180°)　　　　개의 시야각(250°)

양안시로 보는 총 시야각은 개체마다 차이가 있겠지만, 보통 사람은 180도, 개는 250도의 시야각을 가진다. 이 시야각이 좁을수록 겹치는 시야가 많아져서 사물을 좀 더 입체적으로 볼 수 있는데, 그렇다 보니 개는 사람에 비해 겹치는 시야각이 부족해서 비교적 거리감이나 깊이 인식이 부족한 경향이 있다. 실제로 공이나 간식을 던져줄 때 얼굴의 정면으로 던지기보다 살짝 옆으로 던져주면 더 잘 받는 것을 관찰할 수 있다.

2.2 눈의 구조

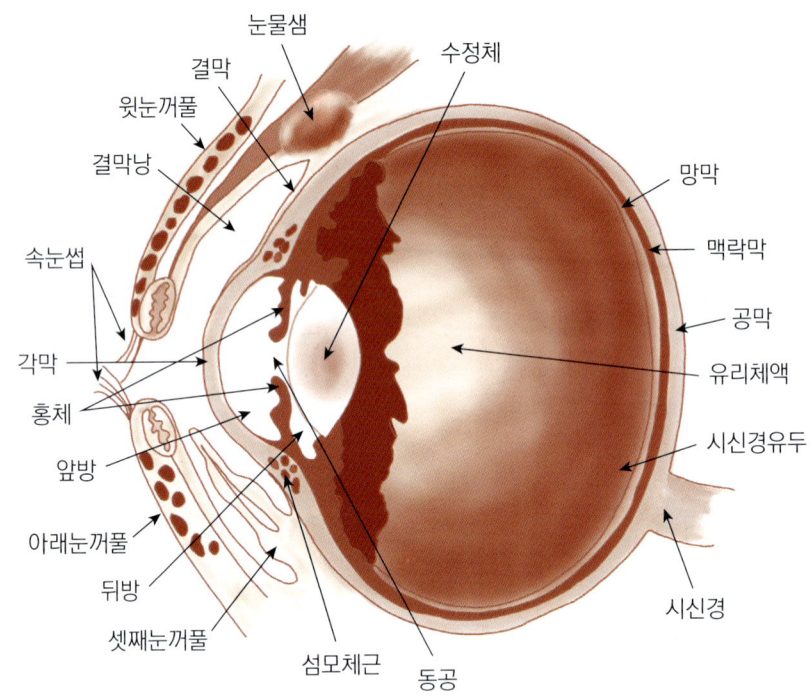

　다음은 눈의 구조에 대해 알아보자. 눈은 여러 겹의 막으로 구성되어 있다. 먼저 공막은 눈의 흰자 부분으로 눈에서 비교적 단단한 외부 층을 담당한다. 이 공막을 덮고 있는 얇은 막이 있는데, 이를 결막이라고 한다. 결막이 눈의 가장 외부 층을 담당하는데, 개가 가장 쉽게 걸리는 안구 질병 중 하나가 결막염인 것처럼 외부의 충격이나 감염으로부터 눈을 보호하기 위한 첫 번째 방어책이라고 볼 수 있다. 각막은 투명한 돔 모양으로 눈으로 빛이 들어오도록 하며 눈의 앞부분을 보호하고 망막에 빛을 집중시키는데 도움을 주는 역할을 한다. 홍채는 흰자가 아닌 눈의 색이 있는 부분으로 빛이 들어오는 동공의 크기를 조절하여 들어오는 빛의 양을 조절하는 역할을 한다. 빛이 많이 필요한 밤이나 어두운 곳에서는 홍채근이 수축하면서 홍채가 줄어들어 동공의 크기가 커지면서 빛의 양을 최대한으로 받아들일 수 있도록 하는 것이고, 반대로 빛이 많이 필요 없는 낮이나 밝은 곳에서는 이완된 상태를 유지하면서 빛의 양을 조절할 수 있게 되는 것이다.

수정체는 섬모체근의 수축으로 두꺼워져서 빛을 망막에 집중시키고 초점을 잡을 수 있게 해주는 역할을 한다. 가까운 것을 볼 때 섬모체근이 수축해서 수정체를 두껍게 만들고, 먼 곳을 볼 때는 이완하여 수정체를 얇게 만들어 망막에 상이 맺히도록 빛을 굴절시킨다.

예를 하나 들어보자면 멀리는 잘 보이는데 가까이는 잘 보이지 않는 현상을 '원시'라고 한다. 주로 나이가 들면서 원시가 많이 생기는데, 이 원시가 생기는 이유는 가까이 있는 것을 볼 때는 섬모체근이 수축되어 수정체를 두껍게 만들어야 하는데, 근육에 노화가 오면서 수정체가 충분히 두꺼워지지 못하기 때문에 이런 현상이 생기는 것이다. 이런 경우에는 볼록렌즈를 이용한 안경을 쓰면서 수정체의 빛을 모아주는 역할을 렌즈가 도와주는 것이다. 즉, 망막까지 닿지 못한 물체의 상을 인위적으로 모아서 망막까지 전달이 될 수 있도록 하는 것이다.

수정체는 단백질섬유와 이를 생산하는 세포로 구성이 되어 있는데, 세포나 단백질의 손상이 발생하거나 노화를 통해 백내장으로 이어질 수 있다. 백내장은 수정체가 불투명해지면서 빛의 통과를 방해하는 안구질환인데, 수정체를 통과하지 못하여 망막에 상이 맺히는 것이 어려워 시력을 잃거나 저하되는 질환이다.

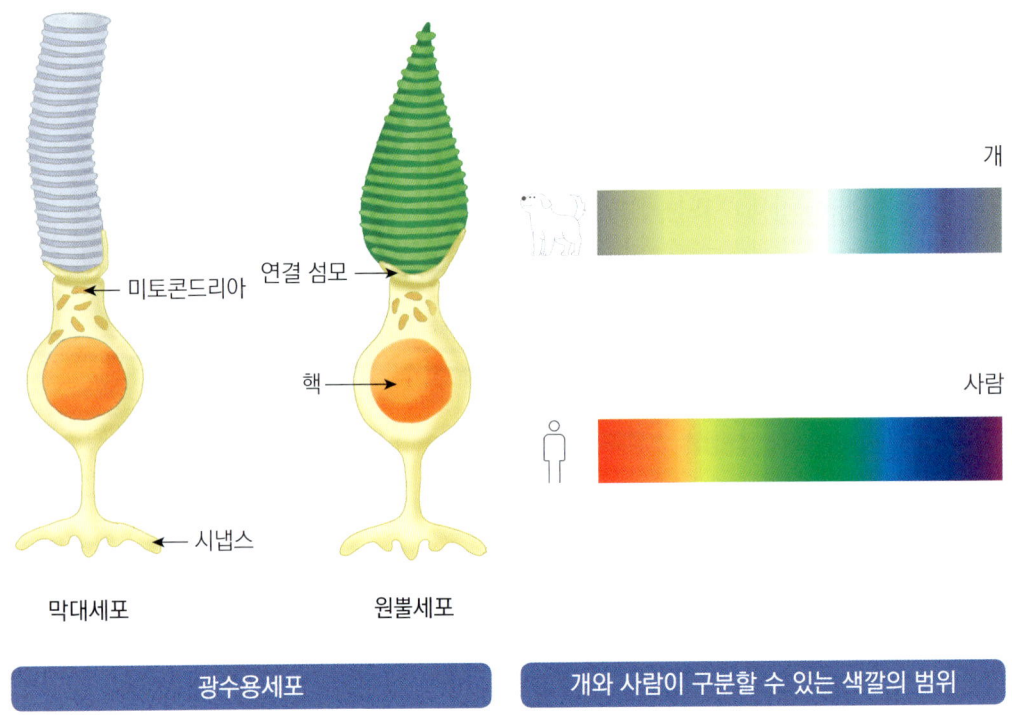

광수용세포 | 개와 사람이 구분할 수 있는 색깔의 범위

　망막에는 빛을 감지하는 세포가 존재하는데 이를 광수용세포라고 하며, 이는 두 가지 종류로 나뉜다. 망막의 중심부에 있는 원뿔세포와 주변부에 있는 막대세포이다. 원뿔세포는 밝은 상태에서 사물의 형태와 색깔을 구분하여 중심시력, 중심부 시야, 색각을 담당하고, 막대세포는 어두운 상태에서 사물의 명암을 구분하여 야간시력, 주변부 시야를 담당한다. 쉽게 말해 원뿔세포는 주간시력을, 막대세포는 야간시력을 담당한다고 생각하면 된다. 개는 사람만큼 많은 원뿔세포를 가지고 있지 않아 많은 색은 구분하지 못하지만, 반대로 사람에 비해 많은 막대세포를 가지고 있어 뛰어난 야간시력을 지닐 수 있게 되는 것이다.

　결론적으로 개는 사람에 비해 주간시력은 약하나, 야간시력은 뛰어나다고 볼 수 있다.

 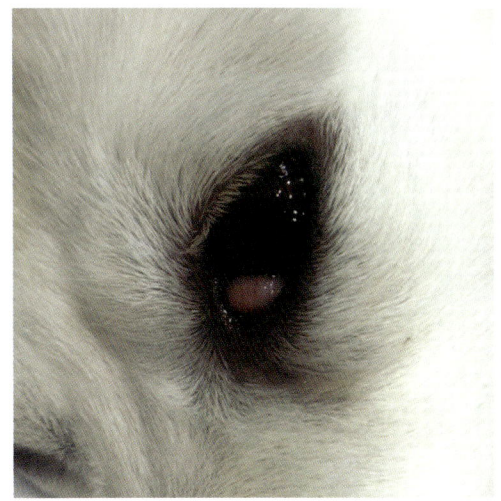

다음은 눈꺼풀이다. 먼저 눈꺼풀이 왜 필요한지에 대해서 알아보자. 앞서 나왔듯이 개의 눈은 두개골의 안와라는 깊은 구멍에 위치하는데, 안구의 2/3 정도만 안와에 들어가 있고 1/3은 외부로 돌출된 형태로 위치하기 때문에 이 부분을 보호하기 위해 눈꺼풀이 존재한다. 또한 눈의 위아래 안쪽 구석 눈꺼풀에 각각 눈물샘이 존재하는데, 여기서 나온 눈물을 윗눈꺼풀과 아랫눈꺼풀이 눈을 깜빡이면서 안구 전체로 퍼뜨려주는 역할을 한다. 특히 셋째 눈꺼풀은 육안으로 관찰이 가능한데, 모래바람이 불거나, 눈 주변 빗질을 할 때 이 눈꺼풀이 튀어나오며 반사적으로 눈을 보호하는 역할을 한다. 이처럼 안구를 보호하는 역할을 하고, 간혹 염증에 의해 확장되어 관찰되기도 한다.

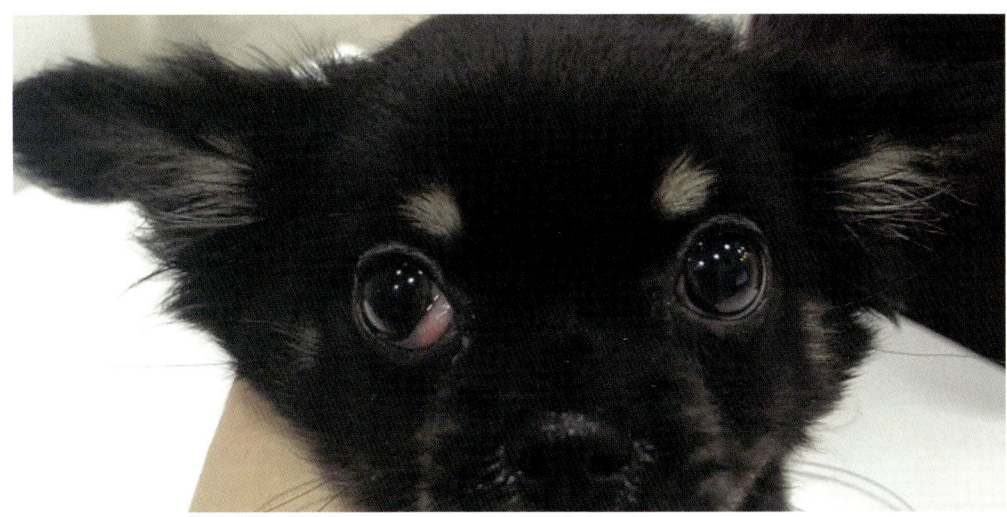

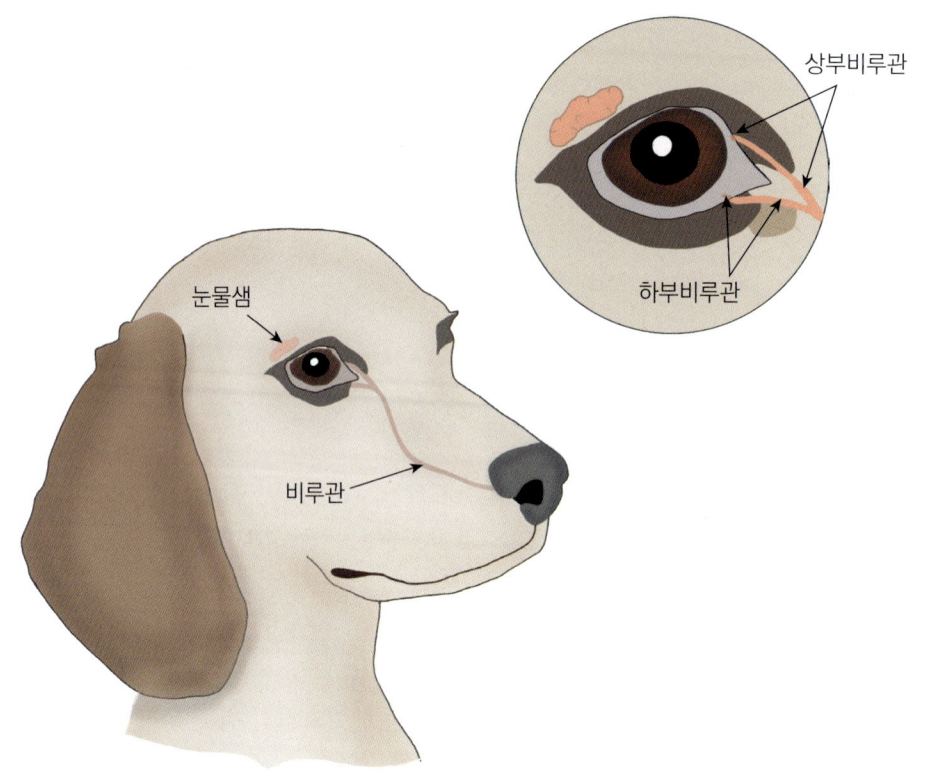

눈물샘은 앞서 나왔듯이 눈의 위쪽과 아래쪽 가장자리에 위치한다. 눈이 제대로 기능을 하기 위해서는 눈을 촉촉하게 유지해야 하는데, 이에 필요한 눈물을 제공해준다. 눈물은 눈의 방어막을 형성하는 기능을 하기도 하는데, 외부의 먼지나 세균이 눈에 직접 닿는 것이 아닌 눈물로써 방어를 하고 눈물을 흘림으로 배출하는 역할을 한다. 또한 눈물이 눈꺼풀과 안구의 마찰을 줄여주는 윤활유의 역할을 수행하기도 한다. 눈물이 너무 과하게 되면 눈꺼풀에서부터 코까지 이어지는 통로인 비루관을 통해 코로 배출이 된다, 간혹 말티즈나 시츄 같은 주둥이가 짧은 개체들은 주둥이가 짧아지면서 비루관도 같이 좁아져 막히면서 코로 눈물이 배출되지 못하고 눈으로만 모두 배출이 되어 눈물이 많아지는 원인이 되기도 한다.

2.3 사물을 보는 과정

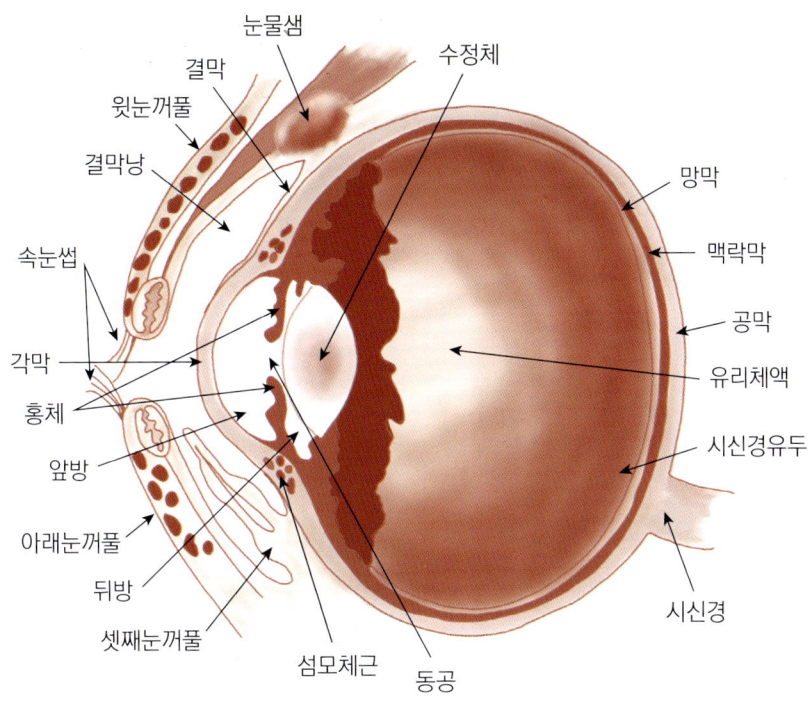

 개가 사물을 보게 되는 과정을 정리해보자면, 빛이 동공을 통해 들어오고 이때 홍채가 빛의 양을 조절하게 된다. 빛이 수정체를 통과해서 망막에 모이고 모인 빛을 전기신호로 변환하여 시신경을 통해 뇌로 보내 이미지를 구성하는 과정을 통해 사물을 볼 수 있게 되는 것이다.

2.4 눈의 색상과 형태

다음은 눈의 색상이다. 앞서 '눈의 구조'에서 나왔던 홍채의 멜라닌 농도에 따라서 눈의 색이 결정된다. 멜라닌의 농도가 옅을수록 옅은 색, 짙을수록 짙은 색을 띠게 된다. 보통의 개들은 짙은 갈색을 가지고 있다.

그런데 이 홍채의 멜라닌 색소를 감소시키는 유전자가 피모와 홍채의 색깔에 모두 영향을 미치기 때문에 옅은 피모의 색을 가진 개체가 옅은 색깔의 눈을 가지는 경우가 많다.

오드아이의 경우에도 옅은 색의 피모를 가진 개체에서 많이 관찰되는데, 오드아이는 홍채 세포의 DNA 이상으로 멜라닌 농도 차이 때문에 발생하고, 시력에 문제가 있지는 않다.

　한쪽 눈에서 두 가지 색이 발현이 되는 형태를 파이아이라고 하고, 오드아이와 마찬가지로 홍채 세포의 DNA 이상으로 발현된다.

　눈의 형태는 각 견종에 따라 고유의 형태를 가지고 오랜 번식과 교배로 인해 다른 형태의 눈을 가지는 경우도 있다. 아몬드 형태의 아몬드 아이, 타원형에 가까운 형태의 오벌 아이, 원형에 가까운 라운드 아이, 삼각형에 가까운 트라이앵귤러 아이 등 다양한 형태가 존재한다.

2.5 시각 하운드

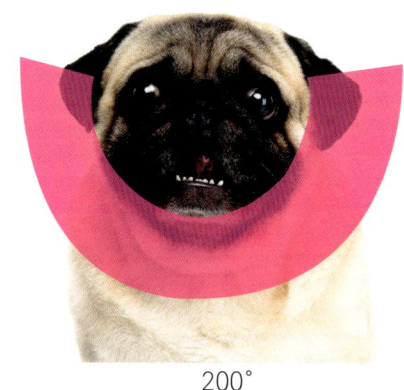
200°

270°

두개골 모양에 따른 시야 차이

눈 하면 떠오르는 견종은 시각하운드 계열의 견종들이라고 볼 수 있다. 시각하운드 계열의 견종들은 눈으로 사냥감을 보고 빠르게 달려가서 사냥하는 역할을 했다. 고대 이집트 같이 넓은 사막의 환경에서 유래된 경우가 많아서 빠르게 사냥감을 포착하는 것이 타 계열의 견종들보다 중요했다. 그래서 머리가 좁고 주둥이가 긴 형태로 진화했으며 이런 형태는 눈이 비교적 측면에 배치되어 보다 넓은 시야각을 확보할 수 있어 사냥감 포착에 유리한 구조가 되었다.

2.6 대표 질환

 백내장

앞서 '눈의 구조-수정체'에서 언급되었듯이 사물을 보기 위해서는 빛이 수정체를 통과해 망막에 빛을 집중시켜서 초점을 잡아야 하는데, 백내장은 빛이 투과하는 수정체가 불투명해지며 빛의 통과를 방해하고 시력에 장애가 생기는 질환이다. 푸들, 슈나우져, 코카스파니엘, 시츄 등의 품종에서 유전적 요인으로 발현되기도 하고, 나이를 먹으며 눈에 노화가 진행되는 경우, 당뇨에 걸린 개의 경우에는 수정체 대사의 변화가 일어나며 발현되는 경우도 있다. 증상이 심하지 않은 경우에는 약물을 사용하여 치료할 수 있고, 약물치료를 통해 백내장의 진행을 늦춰줄 수 있다. 심해지는 단계에서는 외과 수술을 할 수 있다.

3 코

코는 후각을 담당하는 기관이다. 코의 구조에 대해 알아보자

3.1 코의 구조

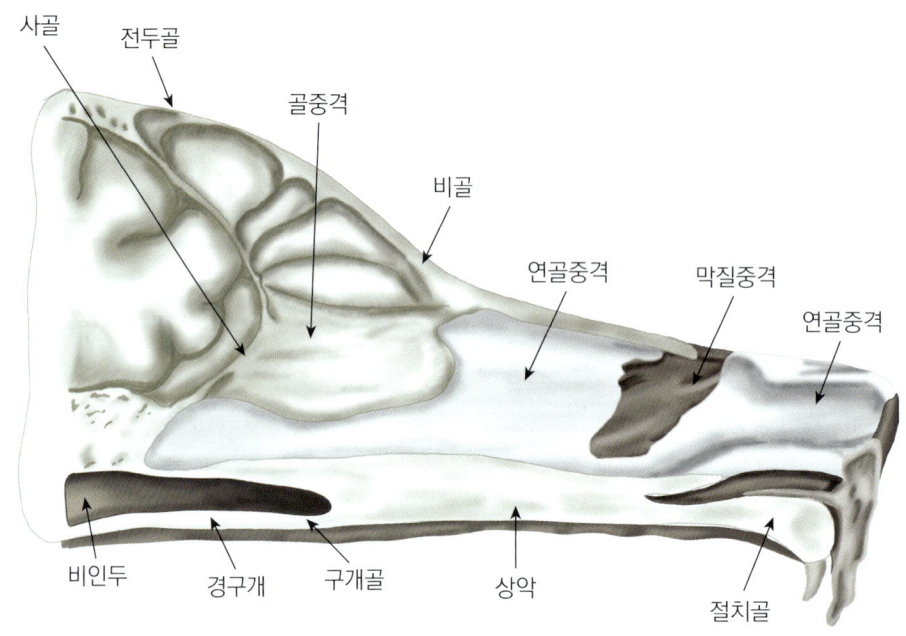

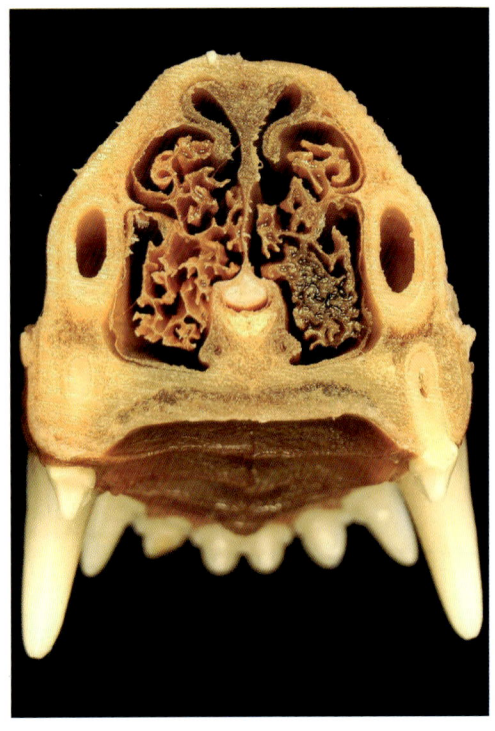
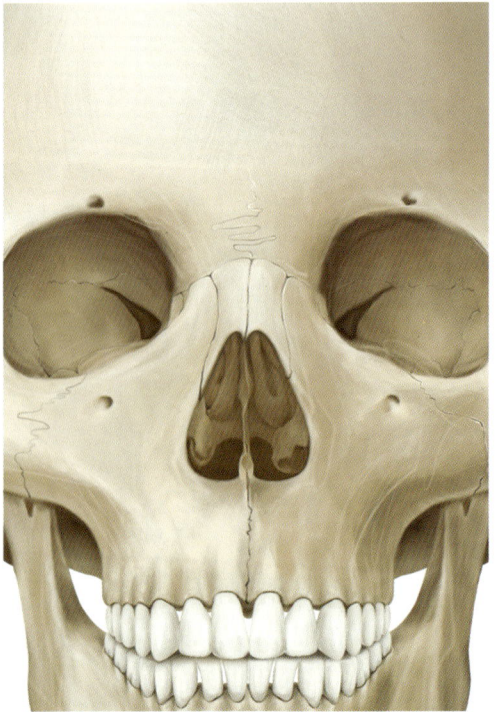

코 안에는 비어있는 공간이 존재하는데 이 공간을 비강이라고 한다. 비강은 비중격이라고 하는 일종의 벽에 의해 두 개의 공간으로 나눠진다. 위의 사진은 비강의 모습인데, 미로처럼 꾸불꾸불한 모습을 하고 있는 비갑개라는 뼈 구조로 이루어진 것을 볼 수 있다. 이는 사람의 비갑개와 비교했을 때 더 복잡한 구조를 가지게 된다. 이런 미로 같은 형태는 비강의 표면적을 증가시키고, 비강의 표면적이 증가함으로써 비강의 점막으로 된 상피에 후각수용체 세포를 더 많이 가질 수 있게 되는 것이다. 후각수용체 세포는 말 그대로 냄새 분자를 감지해서 뇌로 전달하는 역할을 하는 세포라서 많으면 많을수록 후각 능력이 향상되는 것은 당연한 얘기다. 사람은 최대 500만 개, 개는 최대 3억 개의 후각수용체 세포가 존재한다. 이어서 설명하자면 긴 비갑개를 상피가 둘러싸고 있는데, 이는 호흡하는 공기가 통과할 때 매우 넓은 표면적을 제공한다. 코의 앞쪽에 상비갑개가 위치하는데 이는 점액을 생성하는 호흡기형 상피로 둘러싸여 있어서 들어오는 공기의 습도를 조절할 수 있게 된다.

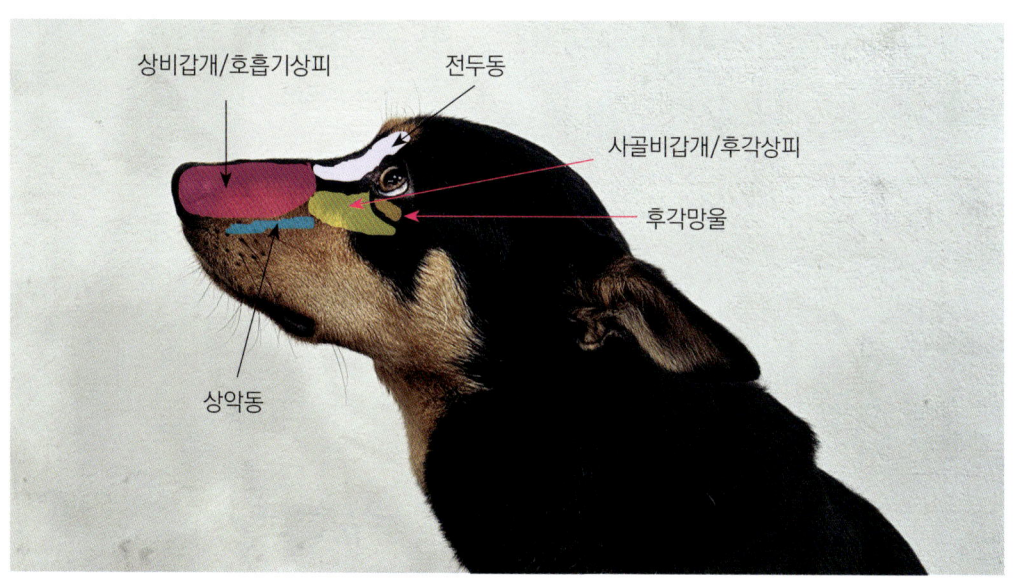

공기가 콧구멍을 통해 들어오면 상비갑개에 도달하고, 이 공기는 사골 비갑개와 부비동을 거쳐 인두로 흘러간다. 찬 공기가 비강으로 들어오게 되면 비강에 많은 혈관이 몰려 있어서 이 혈관들에 피가 쏠려 비갑개 울혈이 팽창하여 열이 발생해서, 공기를 가열한 후 폐로 넘길 수 있는 것이다.

부비동은 상악동과 전두동 두 가지가 있는데, 상악동은 마지막 소구치와 첫 번째 대구치 사이에 위치하고, 전두동은 사골 비갑개를 통해 비강에 연결되어 있다. 개에게 있어 부비동의 정확한 기능은 알려진 바가 없지만, 흡입된 공기를 추가적으로 가온하고 가습하는 역할을 돕는다고 한다.

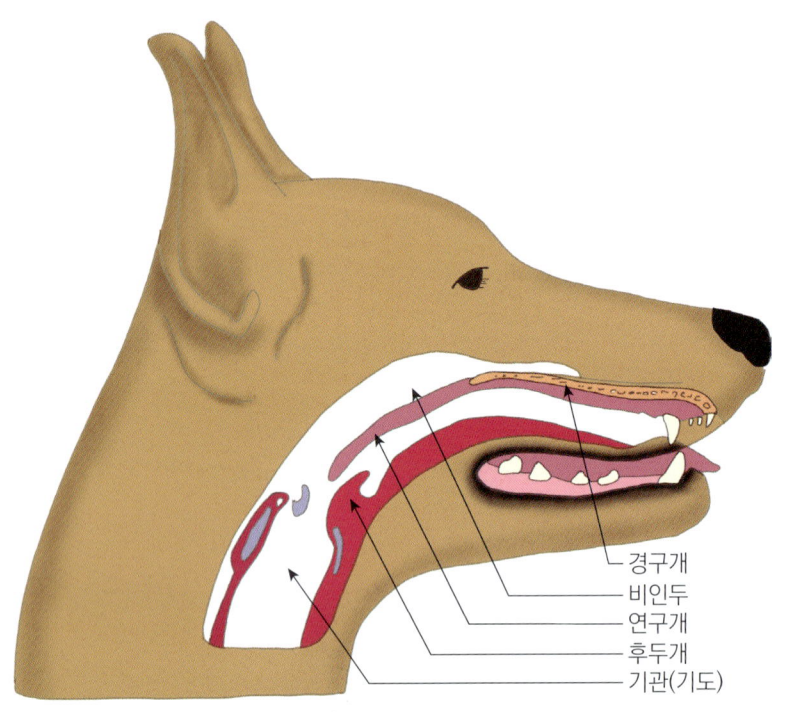

비인두는 비강의 마지막 부분이라고 할 수 있다. 비강의 끝부분이고, 후두로 공기를 전달하는 통로의 역할을 한다.

코와 앞이마가 만나는 부분을 스톱, 혹은 액단이라고 한다. 액단은 전체적인 얼굴의 형태를 결정짓는 부분으로, 액단의 뚜렷한 정도는 견종마다 다르며, 불테리어의 경우에는 액단의 구분이 어려울 정도로 밋밋한 얼굴형을 보인다. 또한 호흡할 때 들어가는 공기의 흐름이 액단에 의해 꺾이는 부분이 생겨 잠시 비강에 머무르게 되는데, 이때 찬 공기를 가열하여 원활한 호흡이 되도록 돕는 역할도 하는 부분이다.

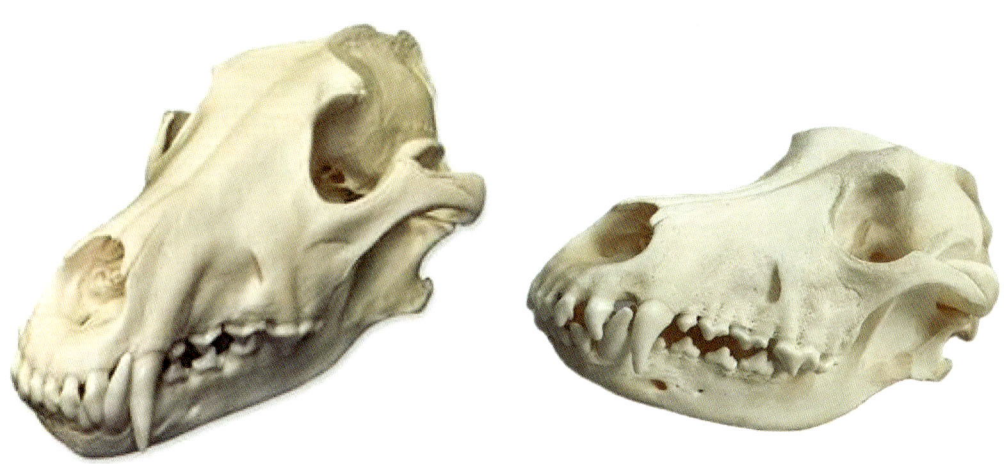

후각하운드와 시각하운드를 비교해보면 뚜렷한 차이점이 보이는데, 대부분의 후각하운드는 주둥이가 두꺼워지며 액단이 뚜렷하고 대부분의 시각하운드는 주둥이가 길어지며 액단이 밋밋하다. 이는 액단의 깊이에 따라 비강이 존재할 수 있는 공간의 차이가 생긴다는 것을 의미한다.

3.2 냄새를 맡는 과정

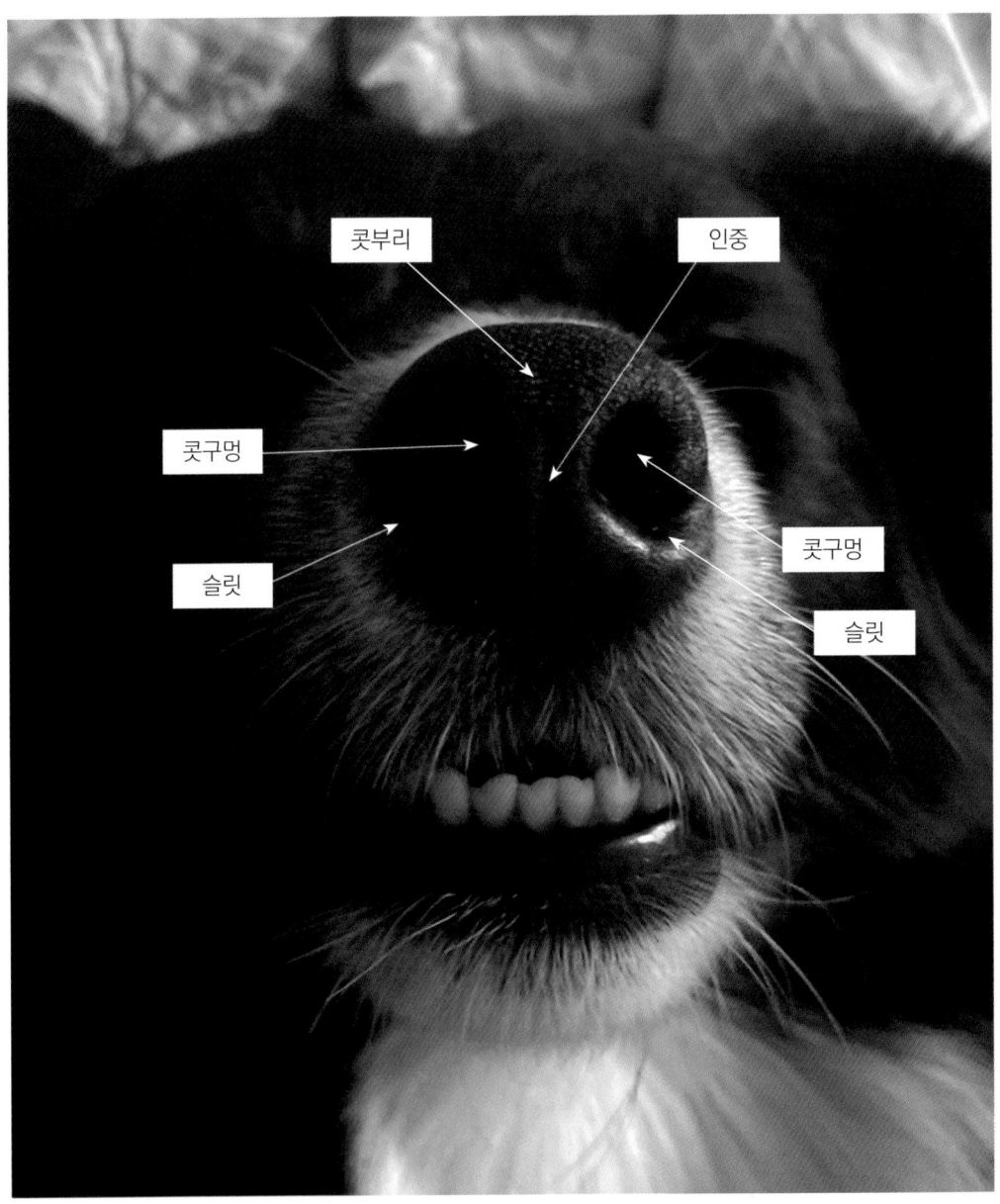

냄새를 맡는 과정에 대해 알아보자. 공기가 먼저 콧구멍을 통해 들어오게 되면, 호흡을 담당하는 층과 냄새 맡기를 담당하는 층으로 나뉘게 되고, 냄새 맡기를 담당하는 층을 통해 후각수용기로 들어가고 슬릿을 통해 다시 나오게 된다. 개의 뛰어난 후각능력과 함께 조금 더 자세히 알아보자.

3.3 뛰어난 후각 능력

개가 후각이 뛰어나다는 사실은 '개코'라는 말이 있을 정도로 잘 알려져 있는 사실이다. 개가 후각이 뛰어난 이유는 몇 가지가 있다. 앞서 언급했듯이 콧구멍으로 공기가 들어가고 슬릿을 통해 다시 나오게 되는데 이때, 공기가 나오면서 공기 소용돌이가 만들어져 코 주위에 냄새 분자가 오래 남아서 짙은 농도의 냄새를 맡는 것이 가능해지게 된다. 그리고 각 콧구멍은 다른 냄새를 맡을 수 있는데, 이는 냄새의 근원이 되는 방향을 측정하도록 하고, 코를 촉촉하게 해서 냄새 입자가 더 잘 달라붙게 하는 방법으로 후각 능력을 발휘하게 되는 것이다.

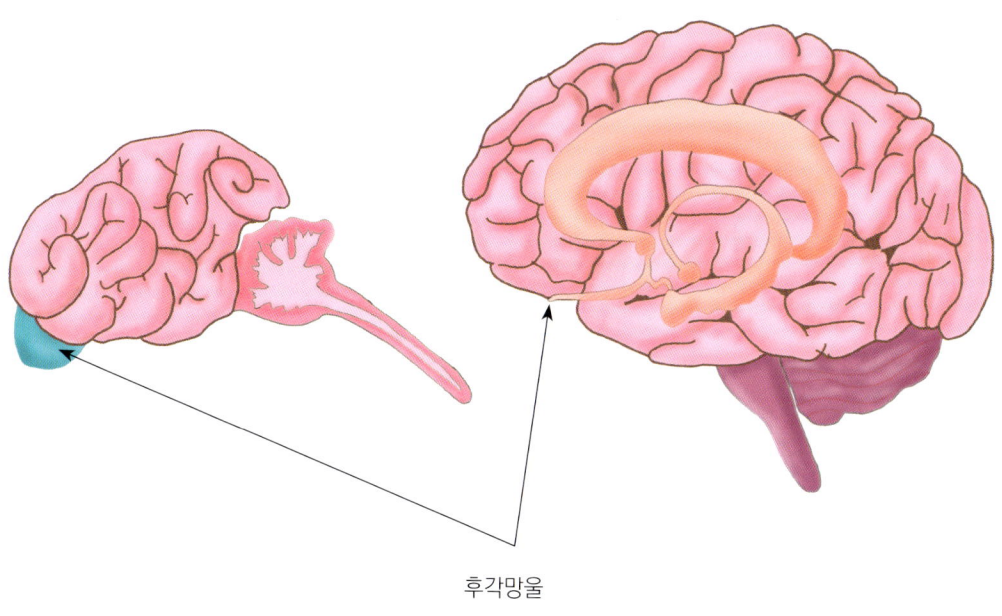

후각망울

길고 넓은 비강의 상피에 더 많은 후각수용체 세포가 존재할 수 있다. 또 이 후각수용체 세포가 보다 많은 주름으로 이루어져 있어 넓은 표면적을 확보하여 냄새 분자가 붙기에 유리하다는 것도 큰 이유이다. 또한 이 후각수용체 세포로부터 신호를 전달받는 후각망울이 사람에 비해 뇌에서 차지하는 비율이 매우 크다. 후각망울은 후각 메시지를 일차적으로 처리하고 뇌의 후각 영역으로 보내는 부위이다.

　개가 냄새를 맡는 것을 지켜보면 사람처럼 한 번에 크게 숨을 들이 쉬는게 아니라 킁킁거리며 끊어서 냄새를 맡는 모습을 관찰할 수 있다. 이렇게 스타카토 형태로 빠른 속도로 공기가 유입되어 비강에 난류를 일으켜 가라앉은 냄새 입자를 공기 중으로 떠오르도록 유도한다. 후각수용체 세포가 비강의 위쪽에 위치하기 때문에 냄새 입자를 공기 중으로 떠오르게 유도하는 것이 보다 쉽게 냄새를 포착해서 뇌로 신호를 전달할 수 있는 것이다. 그리고 빠른 속도로 새로운 냄새 정보의 지속적인 유입을 생성할 수 있다.

개의 코를 보면 표면이 촉촉한 것을 관찰할 수 있다. 이는 코 표면의 물기가 증발하면서 체온조절의 역할을 하기도 하고, 냄새 입자가 촉촉한 표면에 더 잘 달라붙고 오랫동안 머물게 하기 위함이다. 젖은 음식물 쓰레기의 냄새가 말린 음식물 쓰레기보다 더 지독한 냄새를 풍기는 것과 같은 원리이다. 반대로 개의 코가 건조할 때도 있다. 장시간 수면을 취하게 되는 경우에는 코를 사용할 필요성이 떨어지기 때문에 건조한 상태로 코가 유지가 되는 것이고, 나이가 들면 피부가 노화돼서 탄력이 떨어지는 것처럼 개의 코도 나이가 들어가며 수분을 잃기도 한다.

개들이 인사를 하거나 서로의 정보를 확인할 때 사타구니, 항문 주위의 냄새를 맡곤 하는데, 비강의 구조에서 나왔던 상악동에 페로몬 감지에 중점을 둔 특수수용체가 있다. 그래서 이 수용체가 아포크린땀샘의 페로몬을 감지하게 된다. 아포크린땀샘이란 나이, 성별, 기분, 짝짓기 가능 여부 등 많은 정보를 전달하는 페로몬을 방출하는 땀샘으로, 개의 몸 전체에 있지만, 주로 성기와 항문에 가장 많이 집중되어 있다. 그래서 항문 주위의 냄새를 맡음으로 서로의 정보를 확인할 수 있는 것이다

3.4 후각 하운드

눈에서 시각 하운드를 다뤘듯이 코에서는 후각 하운드를 빼놓을 수 없다. 후각 하운드는 냄새로 사냥감을 찾아내는 역할을 하는 개들이다. 다른 계열의 견종들보다 넓은 비강을 가지고 있어서 비강 내에 더 많은 후각수용체 세포가 존재할 수 있게 되는 것이다. 또한 길고 축 늘어진 귀를 가지고 있어서 얼굴과 코 근처의 냄새 입자를 집중시키고 냄새가 머물도록 하여 고도의 후각 능력을 발휘할 수 있게 된다.

3.5 대표 질환

🐾 코 각화증

　코 각화증은 말 그대로 코 표면의 수분이 사라져서 건조해지며 딱딱해져서 갈라짐을 유발하는 질환을 말한다. 건조하고 추운 날씨, 세균 감염, 약물 반응, 암, 알레르기 등의 이유로 발현될 수 있지만 유전적으로 짧은 주둥이를 가지고 있는 단두종에서 더 발현되기 쉬운 질환이다. 뚜렷한 치료법이 없어 애초에 건조하거나 갈라지지 않도록 예방하는 것이 좋다. 만약 각화증이 발현된 후라면, 해당 원인을 찾아내는 것이 우선이고, 연고를 발라서 보습을 하거나 필요한 경우 약물치료를 병행할 수 있다.

4 입

　입은 소화를 돕거나 음식물을 저작하거나 체온을 조절하는 등 다양한 역할을 하는 기관이다.

4.1 입의 구조

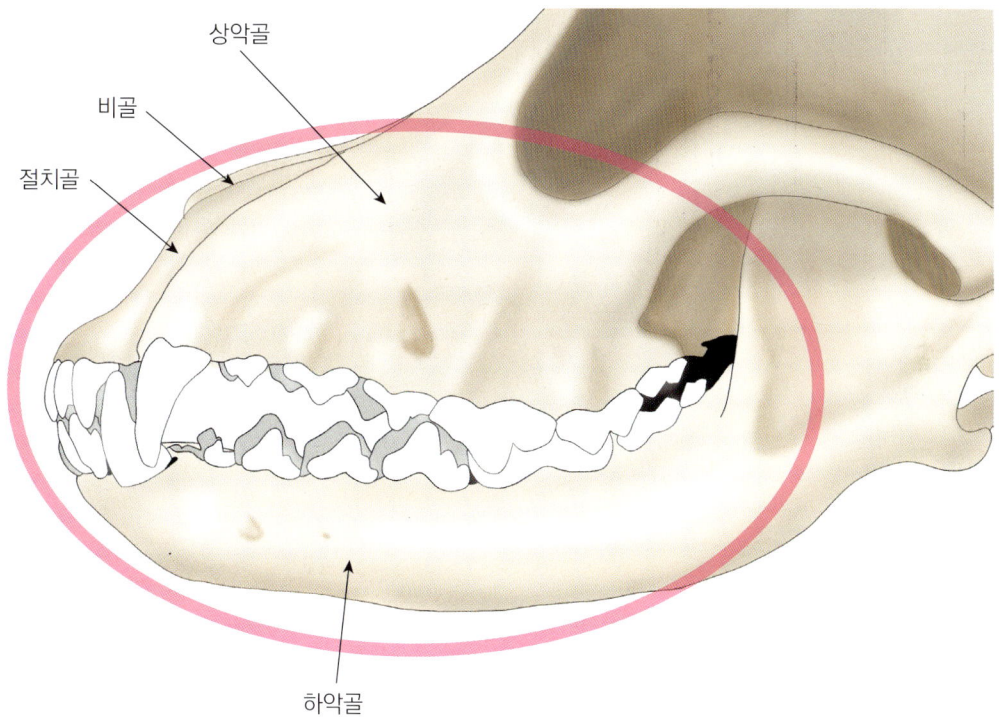

 입을 구성하는 뼈는 상악골과 하악골로 이루어져 있으며, 주요기관에는 뺨, 이빨, 혀 등이 있다. 상악골과 하악골의 역할이 무엇인지와, 뺨과 혀와 이빨의 구조와 역할에 대해 알아보자

4.2 상악골과 하악골

상악골은 위턱뼈를 말하고 하악골은 아래턱뼈를 말한다. 상악골은 안와, 코, 입천장의 형성에 관여하고 윗니를 지탱하여 저작운동에 있어 중요한 역할을 하는 **뼈**이다. 하악골은 여러 근육과 함께 저작운동의 움직임을 주관하는 **뼈**이다. 상악골과는 반대로 아랫니를 지탱한다. 저작운동 외에도 하품, 의사소통, 짖음 등의 모든 턱의 움직임에 관여하는 **뼈**라고 볼 수 있다. 입(주둥이)의 길이에 따라 단두종, 중두종, 장두종으로 나뉘게 된다.

주둥이의 길이에 따라 치악력에도 차이가 생기는데, 치악력이란, 쉽게 말해 '무는 힘'을 말한다. 견종 중에 가장 강한 치악력을 가진 견종은 캉갈로 337kg 정도의 힘을 발휘할 수 있다고 한다. 장두종에 비해 단두종의 치악력이 우월한데, 그 이유는 주둥이의 길이가 길수록 힘이 분산되고 짧을수록 응축되기 때문이다.

4.3 입술의 사용

입술의 사용은 볼근, 입둘레근 등의 뺨 근육에 의해 통제된다. 사람이 입술을 사용하는 가장 대표적인 행동이 빨대를 빨거나 무언가를 흡입하는 것이다. 초식동물의 대표인 말과 육식동물의 대표인 호랑이의 물 마시는 모습을 비교해서 살펴보면 이를 알 수 있다. 말은 뺨의 면적이 넓어 입술의 사용을 통제하는 근육이 많고 이를 통해 물에 입술을 갖다 대고 흡입하여 마시는 모습을 볼 수 있고, 반대로 호랑이는 입술을 자유롭게 통제할 만큼 충분한 뺨 근육이 없기에 물을 혀로 들어 올려 마시는 모습을 볼 수 있다. 개도 호랑이와 마찬가지이다. 초식동물은 먹이를 먹는 용도로 입을 사용한다면, 육식동물은 먹이를 먹는 용도뿐만 아니라 사냥과 투쟁의 용도로도 사용하기 때문에 입을 크게 벌릴 필요가 있는 것이다. 각각의 장단점이 있다기보다는 각자의 용도에 맞게 진화되어온 것이라고 볼 수 있다.

4.4 이빨

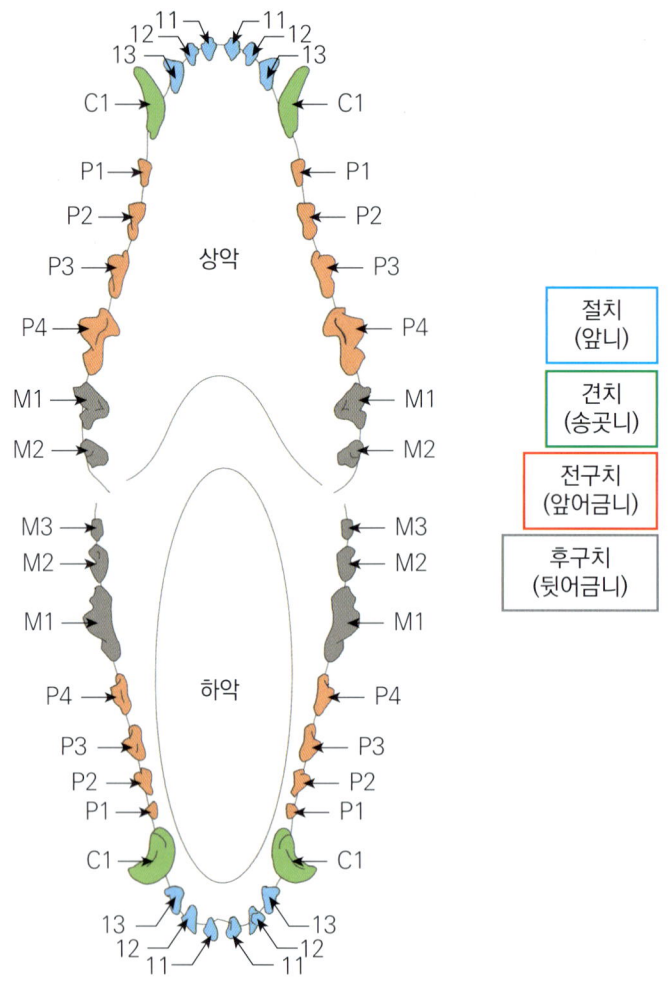

개의 이빨은 사람처럼 유치와 영구치가 있다. 유치는 영구치가 나오기 전에 사용하는 이빨이고 영구치는 말 그대로 특별한 손상이 있지 않은 이상 영구적으로 사용할 수 있는 이빨을 말한다. 개의 유치는 위턱에 14개, 아래턱에 14개로 총 28개가 있고, 생후 2주부터 나기 시작해서 생후 10주 정도가 되면 유치가 모두 자라게 된다. 생후 4개월 정도부터는 유치가 빠지고 영구치가 나기 시작해서 생후 8~10개월 정도에는 유치가 모두 빠지고 영구치로 바뀌게 된다. 영구치는 위턱에 20개, 아래턱에 22개로 총 42개의 영구치를 가지게 된다.

개의 이빨은 절치(앞니), 견치(송곳니), 전구치(앞어금니), 후구치(뒷어금니) 총 4종류로 나뉜다. 개수는 위턱, 아래턱에 각각 절치 6개, 견치 2개, 전구치 8개로 같고, 후구치는 위턱에 4개, 아래턱에 6개로 아래턱에 2개가 더 많다. 절치는 물체를 찢을 때 사용하고, 견치는 물체를 관통하거나 흔들리지 않게 물고 있을 때 사용한다. 전구치는 물체를 자를 때, 후구치는 물체를 갈거나 씹을 때 사용하게 된다.

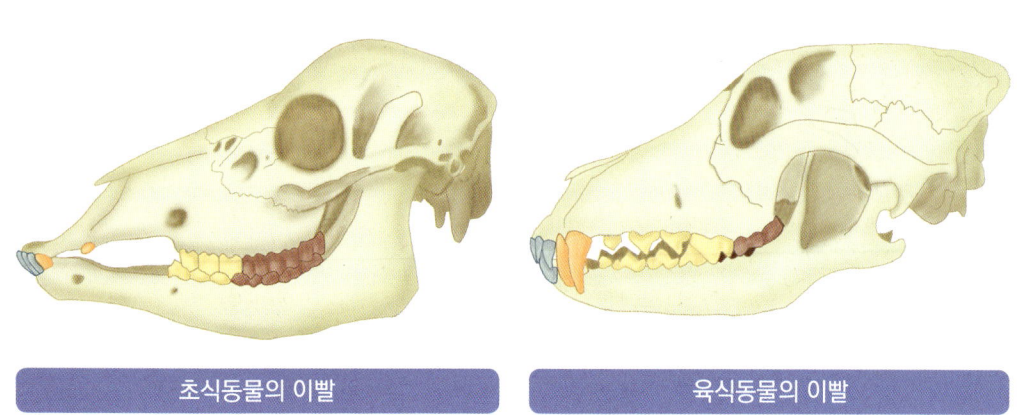

초식동물의 이빨　　　　　　　육식동물의 이빨

초식동물과 육식동물은 이빨에서도 차이점을 관찰할 수 있다. 초식동물의 절치는 풀을 잘라내기 위해 납작하고 평평한 모양을 하고 있고, 어금니는 풀을 갈아서 식도로 넘겨야 하기 때문에 평평한 모양을 하고 있다. 육식동물의 견치는 고기를 잘 씹고 물고 놓지 않기 위해 날카롭게 발달했고, 초식동물처럼 음식을 모두 갈아서 넘기는 것이 아니라 고기를 덩어리째로 넘기기 때문에 평평하지 않은 뾰족한 어금니를 가지고 있다.

4.5 교합

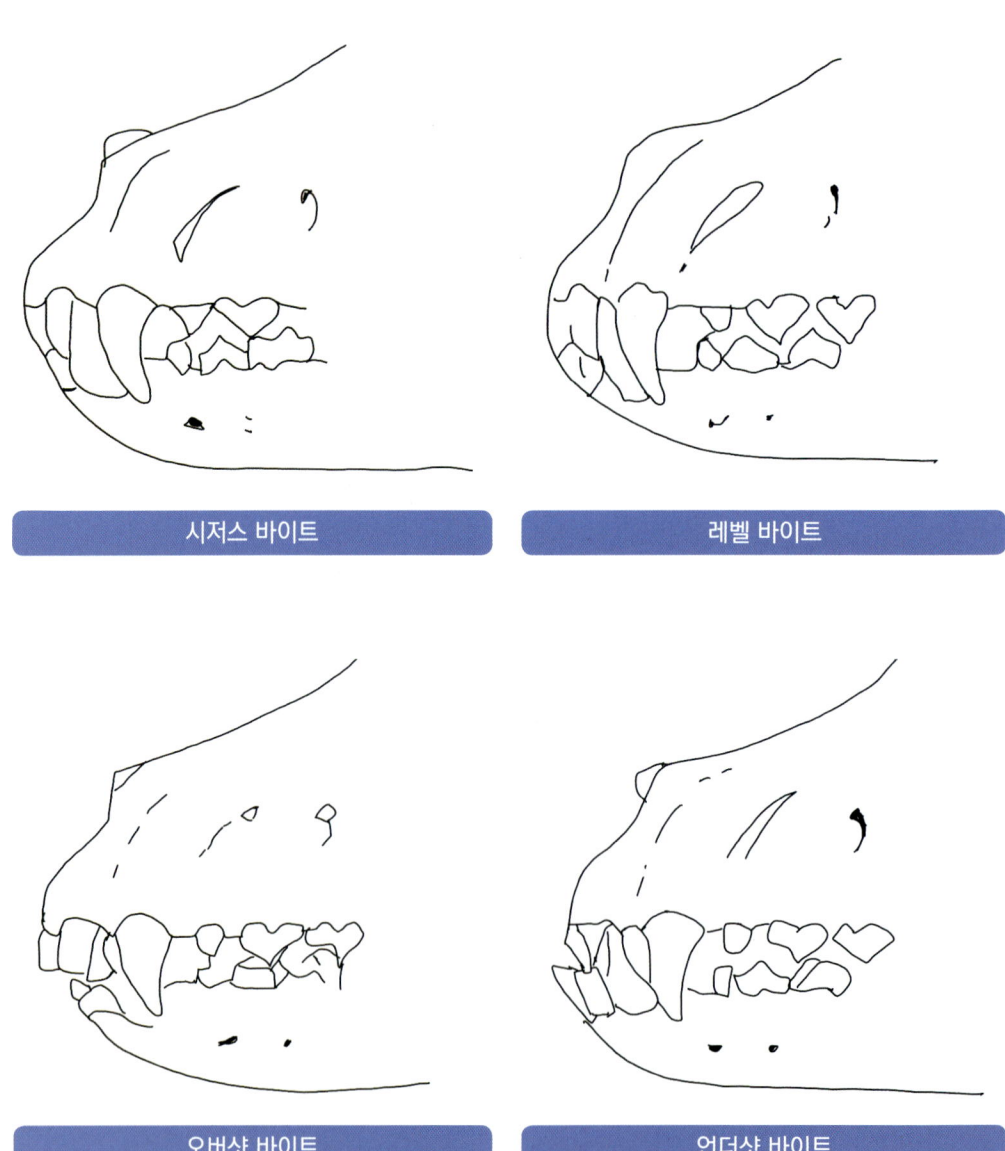

시저스 바이트　　레벨 바이트

오버샷 바이트　　언더샷 바이트

　교합이란 입을 다물었을 때 위아래 이빨이 접촉하는 것을 말한다. 교합은 크게 4종류로 나눌 수 있는데, 시저스 바이트는 윗니가 아랫니를 살짝 덮는 대부분의 개체가 가지는 정상 교합이다. 레벨 바이트는 윗니가 아랫니를 덮는 것이 아니라 앞니가 맞물리는 교합이다. 오버샷 바이트는 윗니가 아랫니보다 앞으로 나와 있는 교합을 말한다. 언더샷 바이트는 아랫니가 윗니보다 앞으로 나와 있는 교합을 말한다. 언더샷 바이트나 오버샷 바이트의 경우 시저스 바이트에 비해 절치의 사용이 어려워서 음식을 섭취하는데 불편함이 생길 수 있다. 이 경우에는 심하면 아래턱의 견치에 의해 입과 코 사이에 구멍이 발생하는 구비루를 유발할 수 있다.

불독은 언더샷 바이트를 가진 대표 견종 중 하나인데, 불독은 원래 불베이팅의 목적으로 개량이 된 견종이다. 불 베이팅은 과거 17~19세기에 황소의 코, 목, 다리 등을 붙잡아 공격하고 제압하는 일종의 놀이였는데, 황소를 물고 놓지 않기 위해서는 언더샷 바이트가 유리했기 때문에 이런 형태로 개량이 된 것이다.

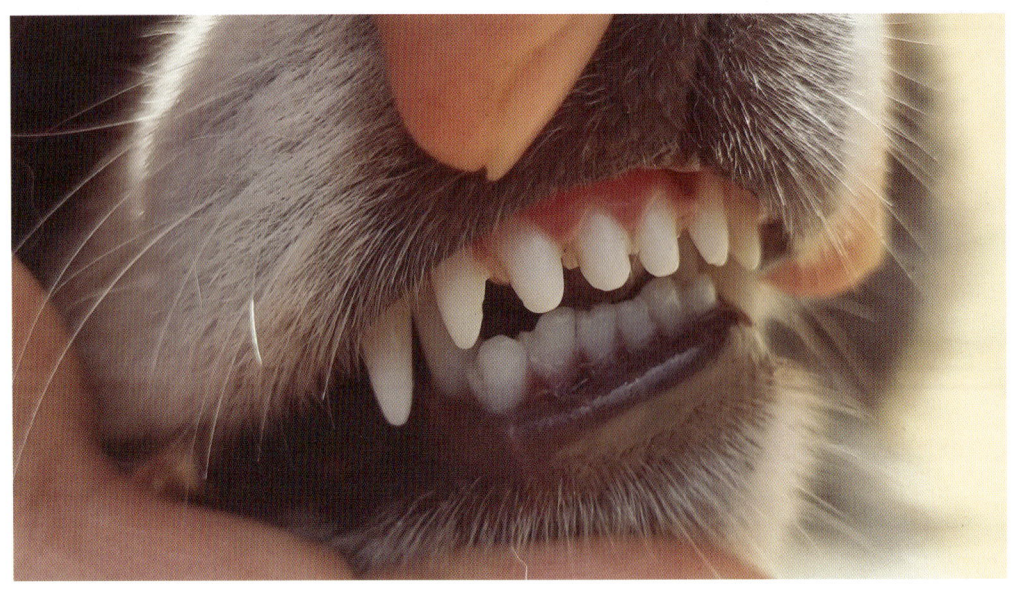

　　오버샷 바이트는 어떤 견종도 표준으로 갖지 않는 비정상적인 교합의 종류이다. 앞서 나온 구비루와 같은 질병에 취약하고 이빨 사이에 틈이 생기다 보니 음식물을 입에 담고 있는 데에도 어려움이 생기게 된다.

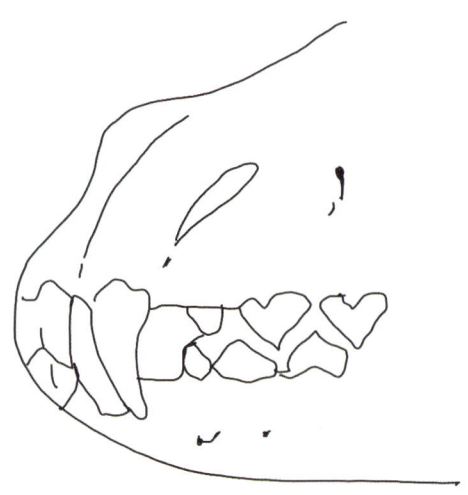

　　레벨 바이트는 앞니에 맞물림이 생기며 자연스럽게 다른 이빨들 사이에도 틈이 생기게 되어 음식물을 씹을 때 어려움이 생길 수 있다. 또한, 치악력에서도 약점을 보이는데, 사람의 경우에도 앞니를 맞물리면 다른 이빨들 사이에 틈이 생기는 것을 경험할 수 있다.

4.6 혀

　혀는 근육으로 이루어져 있고, 음식물을 입에서 목으로 안내하거나 맛을 느끼거나 체온을 조절하는 등의 역할을 한다.

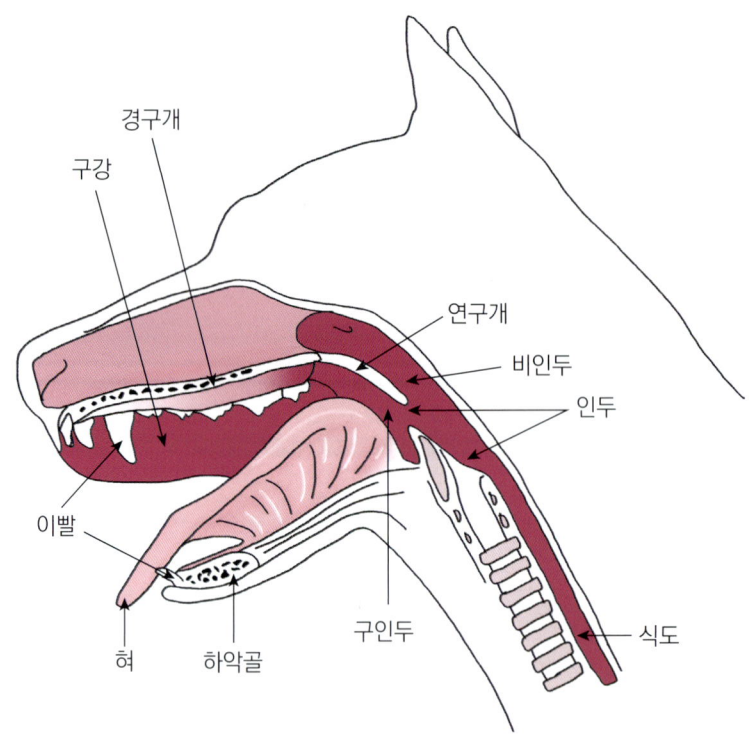

　혀는 음식을 잡거나 물을 핥거나 체온을 조절하는 등 다양한 역할을 하는 기관이다. 혀는 부피에 비해 많은 근육으로 구성되어 있어 구강에서 가장 자유로운 운동이 가능한 기관이다. 구인두에서부터 고정된 뿌리로 시작되어 이빨에 닿는다. 혀는 겉 부분과 속 부분으로 나눌 수 있는데 겉 부분은 혀가 움직이고 혀의 모양을 형성하고, 속 부분은 혀가 움직일 때 근육이 알맞은 모양이 되도록 변화시키는 역할을 한다. 또, 혀에는 미세 혈관들이 몰려있어 상처를 입으면 그 출혈이 심하다.

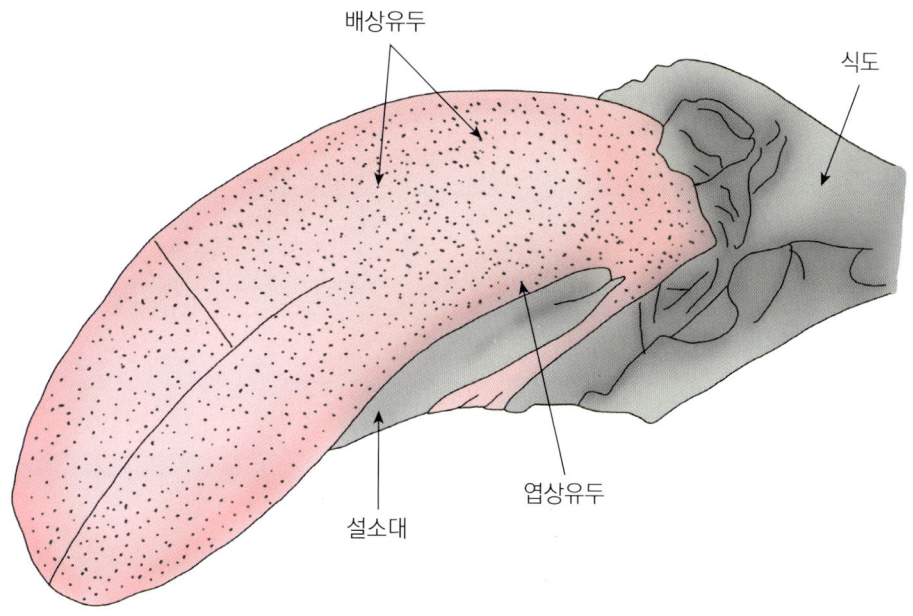

혀는 유두라고 불리는 작은 모양의 구조로 윗면이 덮여 있다. 유두에는 맛을 느끼는 감각세포가 몰려있는 세포인 미뢰로 이어지는 작은 구멍이 있다. 유두를 통해 맛을 느낄 수 있게 되는 것이다. 개는 쓴맛, 짠맛, 신맛, 단맛을 구분할 수 있지만, 미뢰가 사람의 1/6 수준으로 혀로 맛을 느끼기 보다는 후각에 더 의존하는 경향이 있다.

4.7 혀의 색깔

혀의 색깔에 대해서도 알아보자. 대부분의 개들은 연한 분홍색의 혀를 갖고 있지만, 차우차우를 비롯한 일부 견종에서는 푸르거나 검은 반점을 갖고 있거나 아예 푸르거나 검은색을 보이는 경우도 있다. 이는 혀의 멜라닌 세포가 과다하면 나타날 수 있는 현상인데, 푸른색의 혀를 가지고 있는 개들은 대부분 검은색 코와 입술을 가지고 있다. 이는 코와 입술에 영향을 미치는 멜라닌 농도가 혀에도 동일한 영향을 미치기 때문이다.

4.8 대표 질환

🐾 단두종 증후군

　이름에서 알 수 있듯이 불독, 프렌치 불독, 퍼그 등의 단두종에서 발현되는 질병이다. 짧은 주둥이를 가지고 있어 기형의 콧구멍으로 산소의 흐름이 원활하지 못하고 연구개가 늘어나고 비대해져서 기도를 막아 잠을 잘 때 코골이나 호흡곤란 등의 증상을 보일 수 있다. 이렇게 호흡이 힘들어지게 되면 더 큰 압력으로 호흡을 약화시키고 체온을 상승시켜 호흡이 더 가빠지며 악순환이 반복된다. 심하게 짧은 주둥이를 가진 단두종의 17% 정도는 호흡기 장애가 사망 원인일 정도로 심한 경우 생명과 직접적인 연관이 있을 수 있으므로 수술을 통해 연구개를 잘라주어 호흡할 공간을 확보해주는 것이 좋다.

5 귀

 귀는 청각과 균형감각을 담당하는 기관이다. 사람보다 뛰어난 청각을 가지고 있다는 것은 잘 알려진 사실이다.

5.1 귀의 구조

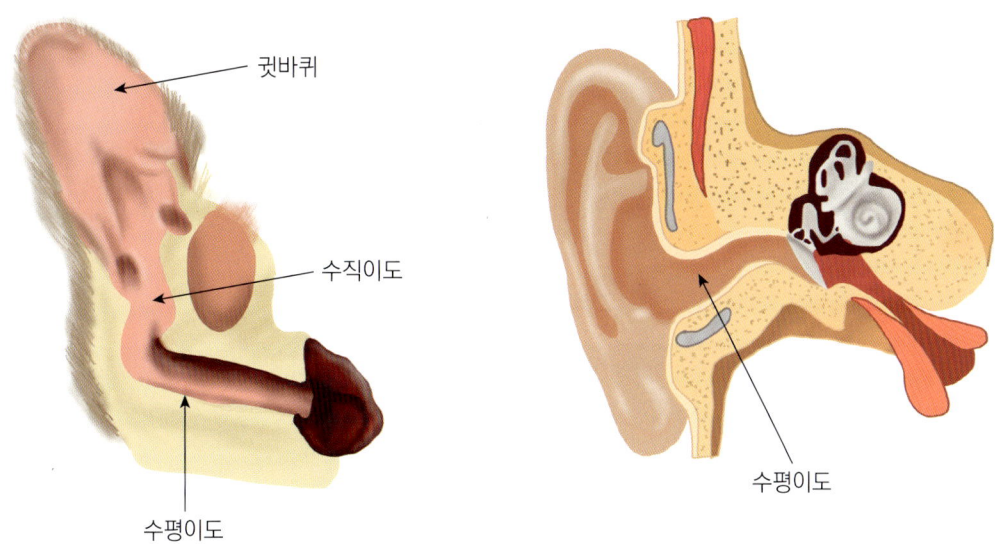

개는 사람과 달리 L자 모양의 귀를 가지고 있다. 사람은 가로로 된 수평이도만 있는 반면, 개는 가로와 세로의 수평이도, 수직이도를 가지고 있다. 이 구조는 고막을 외부로부터 보호할 수 있다는 장점이 있지만 동시에 통풍이 어렵기 때문에 각종 질병에 노출되기 쉽다는 단점이 있다.

귀는 외이, 중이, 내이로 나뉜다. 외이는 귓바퀴와 외이도를 지나 고막의 앞부분까지를 말한다. 중이는 고막 안쪽에 존재하는 부분으로 고막의 진동을 조절하여 소리를 달팽이관까지 전달하는 중간 부분이다. 내이는 청각과 평형감각을 조절하는 기관이 있는 곳이다.

5.2 외이

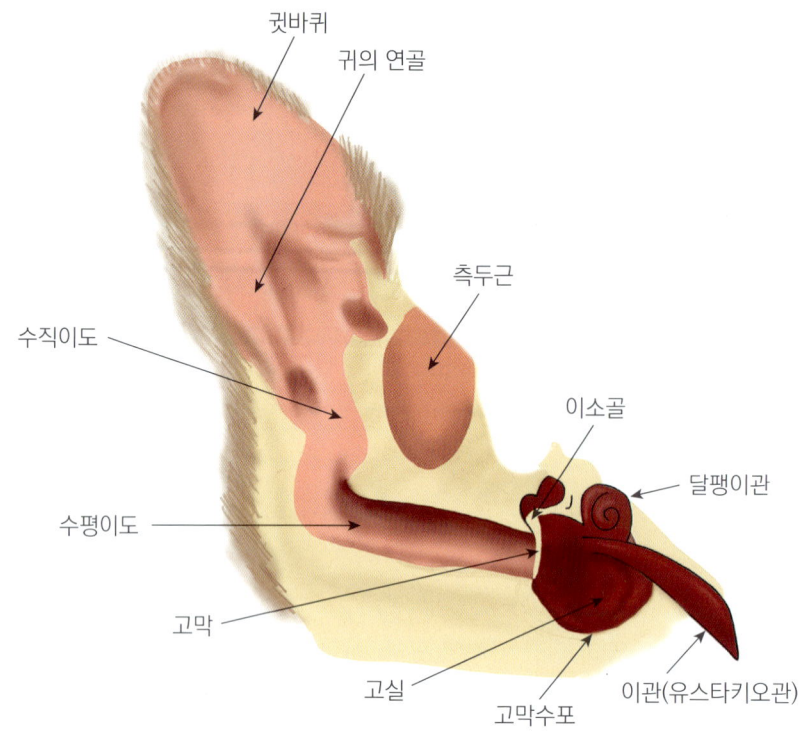

개의 귓속을 만져보면 미끌거리는 것을 관찰할 수 있는데, 이는 외이의 피부에는 귀지샘이라는 땀샘이 존재하는데, 귀지샘에서 나오는 분비물 때문에 미끌거리는 것이다. 분비물은 피지나, 귀의 죽은 표피세포, 외부에서 들어온 먼지 등과 섞여 귀지를 생성한다. 분비물은 외이도의 윤활유 역할을 하고, 이도 내의 먼지나 박테리아가 달라붙어 더이상 침투하지 못하도록 하는 역할을 한다.

고막은 외이나 중이에 속하는 기관이 아닌 외이와 중이를 나누는 기준이 되는 기관이다. 고막은 이물질이 외이 이상으로 침투하지 못하게 하고, 외이를 통해 들어온 음파의 떨림을 이소골로 전달하는 역할을 한다. 고막이 파열되거나 찢어지는 경우 외이도의 박테리아, 곰팡이 등이 중이로 들어가 감염을 일으키고, 심한 경우 내이까지 들어가 중이염, 내이염으로 이어질 수 있다. 음파가 고막의 표면에 부딪혀 고막이 진동하고, 고막에 닿아있는 이소골이 움직여서 내이까지 효과적으로 진동을 전달할 수 있게 되는 것이다.

5.3 중이

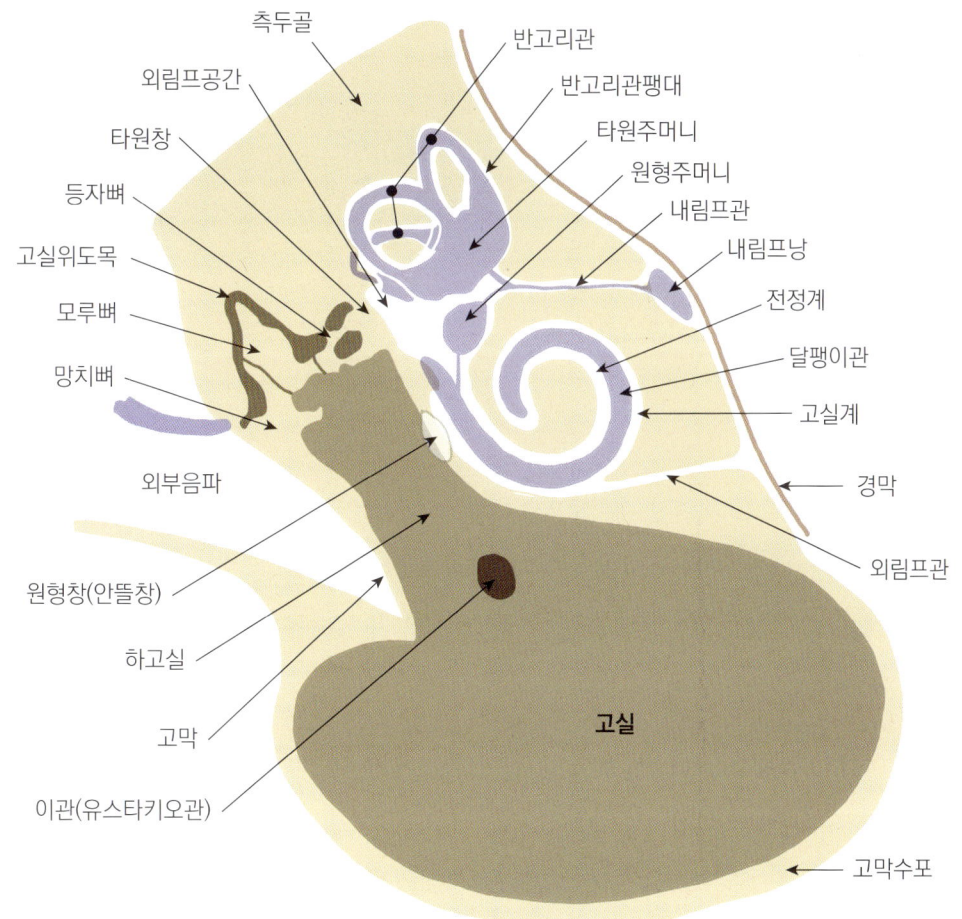

이소골은 고막에 망치뼈, 모루뼈, 등자뼈 순서로 지렛대와 같은 경첩을 형성하여 연결되어 있다. 등자뼈는 타원창이라고 하는 달팽이관의 구멍과 느슨하게 연결되어 고막의 떨림이 이소골로 전달되면 피스톤처럼 안팎으로 움직이며 떨림을 약 50배 정도로 증폭시켜 내이까지 보다 효과적으로 전달할 수 있게 된다. 이소골이 없으면 음파 에너지의 0.1% 밖에 내이에 전달이 되지 않을 정도로 중요한 역할을 하는 뼈이다.

이관(유스타키오관)은 고실의 압력이 높아지면 구멍을 열어 압력을 조절하는 역할을 한다. 고산지대나 비행기에서 귀가 먹먹해지는 것이 고실의 압력이 높아졌다는 것을 의미하는 것이다.

5.4 내이

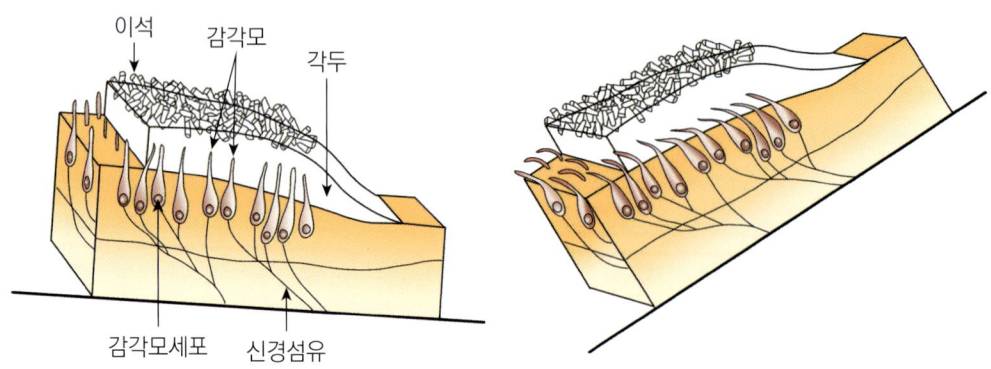

내이는 외림프액으로 채워진 뼈미로와 내림프액으로 채워진 막미로로 구성된다. 뼈미로는 타원창과 원형창을 통해 중이로 이어지고, 막미로는 달팽이관, 반고리관, 타원주머니, 원형주머니를 포함한다. 달팽이관 안에는 내림프액이 차 있으며 소리를 감지하는 나선기관이 존재한다.

타원주머니와 원형주머니는 달팽이관, 반고리관과 연결되어 있으며 마찬가지로 내림프액이 차 있다. 여기에는 이석이 있는데, 이석은 동물이 서 있을 때 균형을 유지해주는 역할을 한다. 동물은 서 있을 때도 머리는 미세하게 움직이게 되는데, 중력이 이석을 움직이고, 이석이 감각털을 자극해서 신경 자극이 감각털과 연결된 신경섬유를 통해 뇌로 전달되어 공간에서 몸의 위치 정보를 해석하는 방법으로 정적 균형을 유지할 수 있도록 한다.

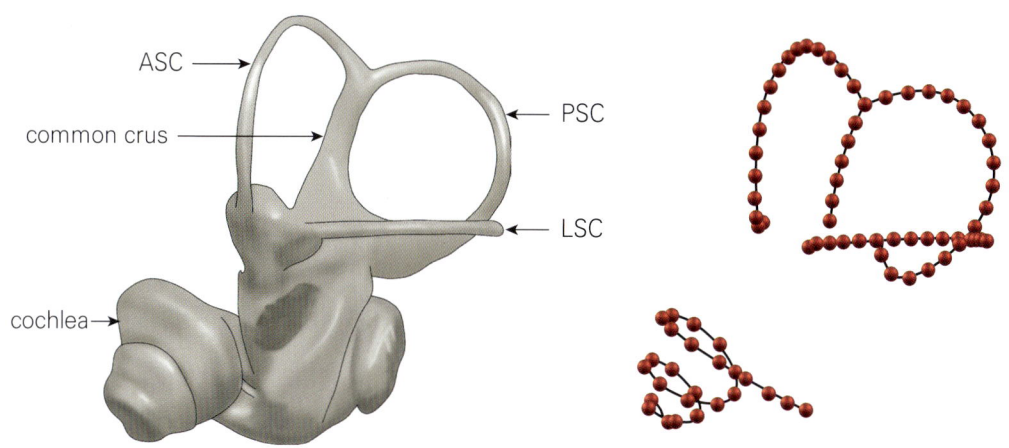

　반고리관은 세 개의 관(고리)으로 구성되어 있고 달팽이관과 마찬가지로 내림프액이 차 있다. 각 고리는 다른 두 고리에 대해 대략 직각으로 위치하고 있어서 머리를 기울이거나 돌려도 균형을 유지할 수 있도록 해준다. 반고리관은 반고리 팽대를 통해 타원주머니와 연결되어 있다. 이 원뿔 같은 모양의 반고리 팽대 꼭대기 부분에 능선이 있는데, 여기에 감각털이 깔려 있어 움직이는 동안 동적 균형을 유지하도록 해준다.

　정리해보자면 동물이 움직일 때 반고리관 내림프액이 움직이고 반고리관 팽대의 능선을 자극한다. 이때 능선에 있는 감각털이 인지한 신경 자극은 신경섬유를 통해 뇌로 전달하고, 뇌에서는 운동 협조를 담당하는 소뇌로 자극을 전달하여 동적 균형을 유지할 수 있도록 하는 것이다.

5.5 소리를 듣는 과정

 앞서 나온 내용들을 정리하여 듣는 과정을 나열해보면 먼저 귓바퀴를 통해 음파가 모이고, 모인 음파가 외이도를 지나 고막에 닿는다. 고막의 진동을 전달받은 이소골이 움직여 내이에 진동을 증폭하여 전달하고, 뼈미로의 외림프액과 막미로의 내림프액이 차례로 진동하게 되고, 막미로의 감각털에 신경 자극이 닿으면 신경섬유를 통해 뇌로 전달되어 소리를 해석하게 되는 것이다.

5.6 뛰어난 청각 능력

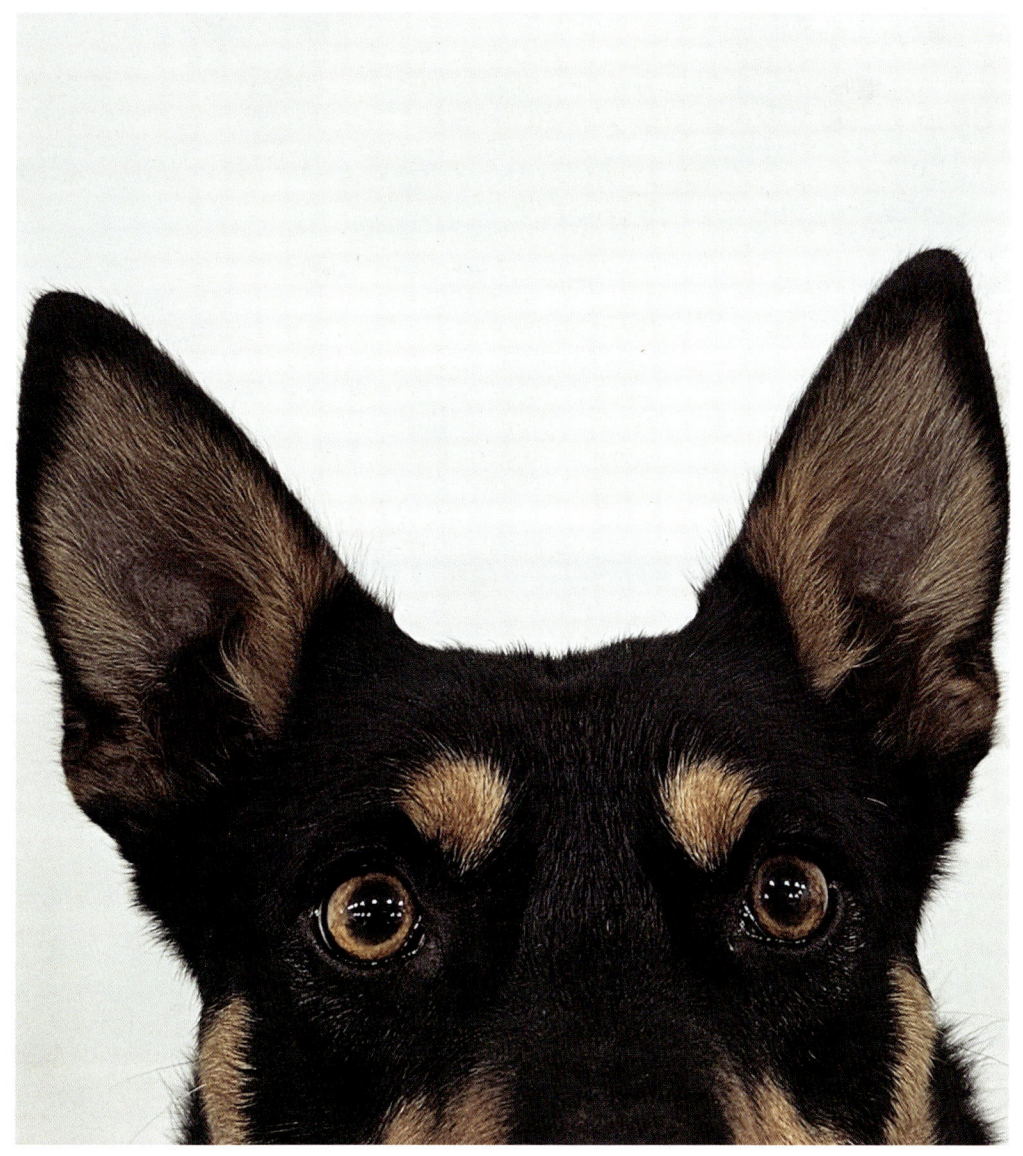

개는 50000Hz 이상의 소리를 들을 수 있는 민감한 청력을 가지고 있다. 사람은 20000Hz까지 들을 수 있다고 하니 비교적 훨씬 높은 주파수의 소리도 포착할 수 있는 것이다. 또, 귀를 움직이는 근육의 수가 사람보다 월등히 많다. 개의 귀를 움직일 수 있는 근육은 18개이고 그 수가 6개인 사람에 비하면 더 자유로운 움직임으로 이도의 위치를 미세하게 조정해서 소리의 위치를 파악하여 보다 정확하고 멀리 들을 수 있는 것이다.

5.7 귀의 형태

프릭이어

배트이어

드롭이어

세미프릭이어

로즈이어

    귀의 형태는 곧게 서 있는 프릭이어, 박쥐 모양의 배트 이어, 아래로 축 늘어져 있는 드롭 이어, 곧게 서 있다가 끝 쪽에서 꺾이는 세미 프릭 이어, 장미 모양의 로즈 이어 등등 견종에 따라 매우 다양하다. 귀의 형태에 따른 청력의 차이는 밝혀진 바가 없지만, 프릭 이어가 멀리 있는 소리를 포착하기에는 유리하다고 알려져 있다.

　단이는 과거에 경비견들의 강렬한 인상을 위해, 혹은 투견들이 싸움 중에 귀를 물릴 위험이 있어 그 위험성을 줄이고자 귓바퀴 일부를 잘라내는 관행이다, 단이를 하게 되면 외이의 일부를 잘라내며 귓바퀴 모양이 변형되어 소리를 중이, 내이까지 전달하는데 어려움이 생겨 소리의 선명도가 저하될 수 있다. 또한 귀를 사용한 의사소통이 어려워지므로 다른 개들과의 카밍시그널에서 오해를 사거나 불편함이 생기는 경우도 있다.

5.8 대표 질환

 외이염

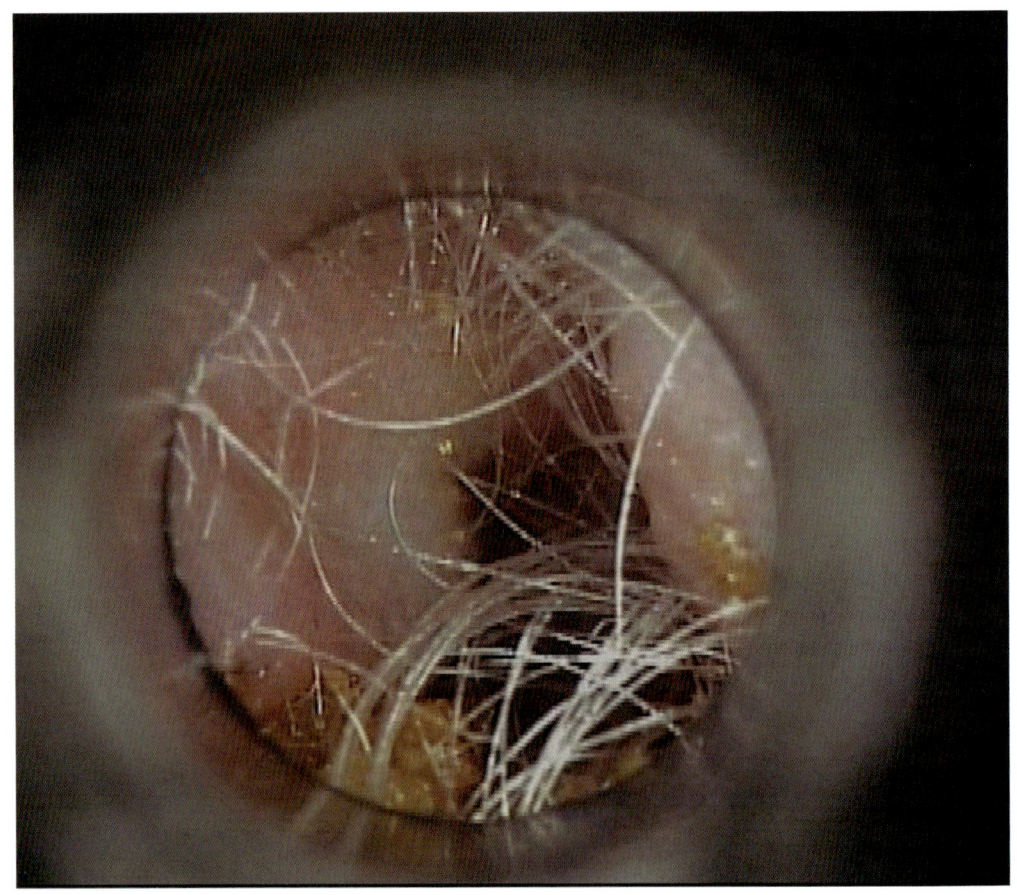

　외이는 귀에서 가장 바깥쪽으로 노출되어 있어 다양한 질환에 걸리기 쉬운 부위이다. 대표적으로 외이염은 귀가 습한 경우에 발현되기 쉬운 질환이다. 귀 환경이 습해지면 염증, 박테리아가 과도하게 증식하여 감염을 일으키게 되는 것이다. 귀가 서 있는 프릭 이어의 형태보다 축 처진 드롭 이어와 같은 형태의 귀에서 더 발현되기 쉽다. 외이염은 악취, 가려움증을 동반하고 귀가 가려워서 긁거나 귀를 털거나 바닥에 비비는 등의 행동을 보인다. 주기적으로 전용 세정제를 사용해 귀를 깨끗하게 하고 목욕 후에는 귀를 완전히 건조 시켜 항상 귀를 쾌적한 상태로 유지하는 것이 좋고, 외이염이 발현된 후라면 약물치료를 통해 치료할 수 있다.

6 척추와 척주

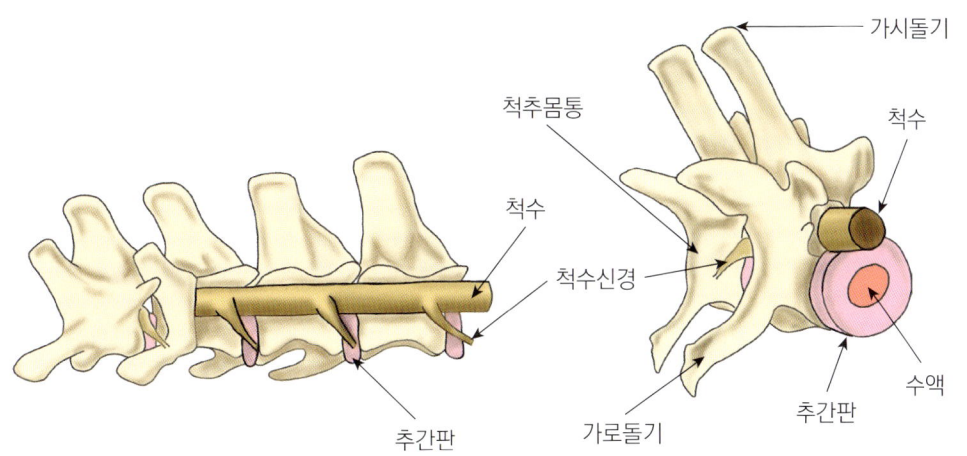

 본격적으로 목에 대해 알아보기 전에 앞으로 나올 척추에 대해 알아보도록 하자. 척추는 등 쪽으로 몸을 지지하는 기둥 구조물의 뼈 '하나'를 말한다. 이 척추가 모여서 긴 기둥을 이룬 상태를 '척주'라고 한다. 척추는 척추 몸통과 등 쪽으로 나 있는 가시돌기와 양옆으로 나 있는 가로돌기로 구성되어 있다.

 가시돌기와 가로돌기는 근육과 인대의 부착면을 제공하며 부위에 따라 다른 형태를 보이기도 한다. 가시돌기는 극상돌기라고도 부르며 척수가 지나가는 신경고리 위에 위치한다. 가로돌기는 횡돌기라고도 부르며 척추 몸통의 양쪽에 위치한다. 척추 몸통은 충격으로부터 척수를 보호하는 역할을 한다.

 가시돌기는 신체의 축을 유지하도록 도와주며 가시돌기가 솟아있는 방향으로 몸이 과하게 꺾이지 않도록 하여 신체의 축을 유지할 수 있도록 한다. 가로돌기는 가시돌기만으로는 충분하지 않은 근육의 부착면을 제공해주는, 척추 근육 부착면의 주된 부분이 되는 것이다. 척추 몸통의 사이사이에는 흔히 디스크라고 불리는 추간판이 존재한다. 추간판은 척추 사이에서 충격을 흡수하고 척추를 지탱하여 안정성을 부여하는 역할을 한다.

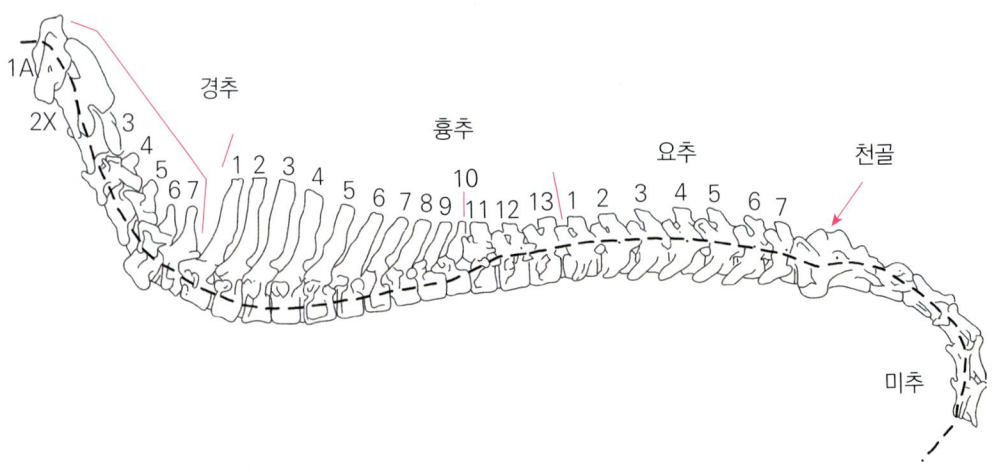

개의 척추는 경추(목뼈) 7개, 흉추(등뼈) 13개, 요추(허리뼈) 7개와 천골 1개, 미추(꼬리뼈, 견종이나 개체마다 그 수가 다르다) 20~22개로 구성되어 있다. 각 척추의 특징에 대해 간단하게 알아보자.

경추는 머리와 직접적으로 관절하는 뼈로, 뇌로 가는 혈관들을 둘러싸서 보호할 수 있는 구멍이 있다는 것이 특징이다.

흉추는 양옆으로 늑골과 관절하기 때문에 가로돌기와 척추 몸통이 짧고, 등 근육의 부착을 위한 가시돌기가 높게 솟아 있는 것이 특징이다. 신체의 축과 자세를 유지하는 중심지로 강성(구조물이 하중을 받아 모양이 변형되는 것에 대한 저항 정도)을 담당하는 척추이다.

요추는 달리기나 격한 운동에 있어서 큰 힘을 내기 위해 몸통이 크고 가로돌기가 길게 형성되어 많은 근육이 부착한다는 것이 특징이다. 흉추의 강성과 반대로 요추는 움직임의 유연성을 담당하는 척추이다.

천골은 요추와 미추 사이에 위치하는 뼈로, 몸통과 뒷다리와 꼬리를 이어주는 역할을 한다.

미추는 견종이나 개체마다 그 수가 다르며 1~4번 미추에 미근부의 근육이 붙어 꼬리의 움직임이 가능하다.

자세한 내용은 앞으로 나올 내용에서 알아보자.

6.1 대표 질환

🐾 추간판 탈출증(디스크)

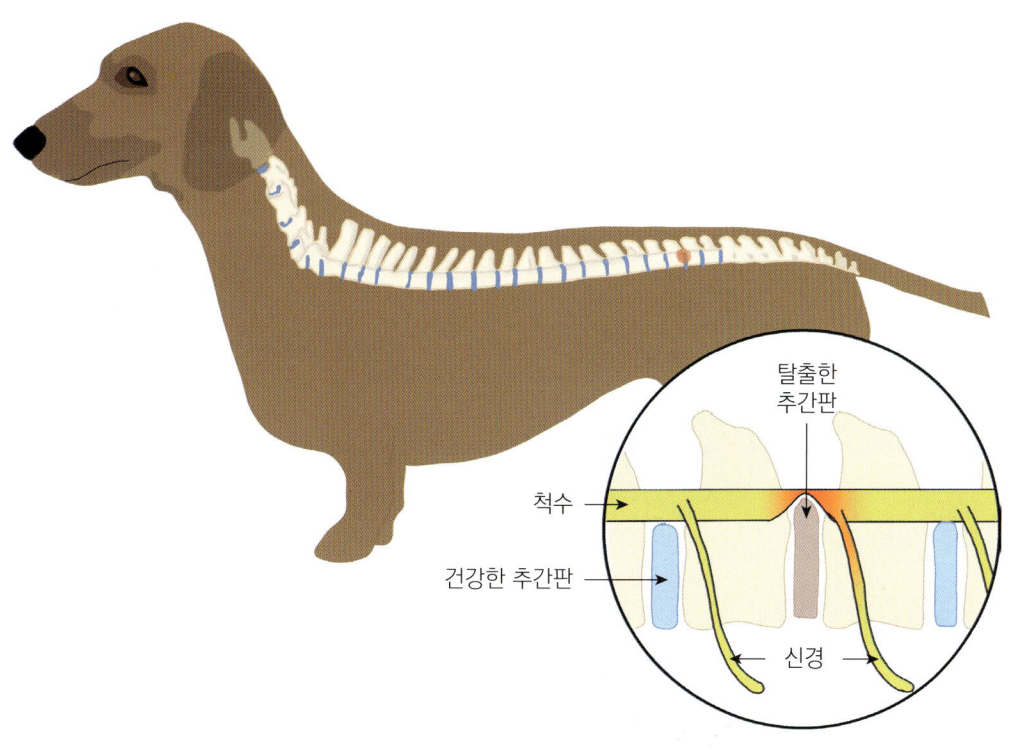

척추뼈 사이사이에는 완충작용을 위한 추간판이 존재한다. 흔히 말하는 디스크인데, 추간판 바깥쪽을 섬유테라고 하고 안쪽을 수핵이라고 한다. 섬유테가 손상되어 척수 신경을 압박하게 되면 통증을 유발한다. 추간판 탈출증은 추간판이 있는 목에서부터 꼬리까지 어디에서나 발현될 수 있다. 외부의 충격에 의해 발현되기도 하지만, 웰시코기, 닥스훈트 같이 허리가 긴 품종에서 많이 나타난다. 추간판 탈출증이 발현되면 움직임이 곧 통증으로 이어지기 때문에 활동성이 떨어지고, 식욕이 감소하거나 보행에서 문제를 보이기도 한다. 과체중의 경우에 척추에 가해지는 하중이 늘어나게 되므로 적절한 체중을 유지하는 것이 좋다. 발현된 후에는 진행 정도에 따라 다르겠지만 수술과 재활을 통해 치료와 회복에 도움이 될 수 있다.

7 목

　목의 역할에 대해 먼저 알아보자. 목은 무게중심을 전환하는 역할을 하고, 머리를 낮춰 냄새를 맡을 수 있도록 한다. 또 목을 통한 다양한 감정을 표현하는 것도 목의 역할 중 하나이다. 무게중심에 대해 좀 더 알아보자면, 강아지의 걸음걸이는 뒤에서 다루겠지만 트로트라고 하는 속보의 보행을 할 때 목이 앞으로 쏠리면서 머리가 앞에 위치하게 되고, 이로 인해 무게중심이 앞으로 쏠리면서 몸의 균형을 잡아주고 추진력이 더해지는 효과를 볼 수 있게 된다.

7.1 머리와 목의 상관관계

	특 징	예 시
머리가 커질수록 목이 짧아짐	- 목의 부담 감소 - 속도에 불리	
머리가 작아질수록 목이 길어짐	- 목의 부담 증가 - 속도에 유리	

　대부분의 개들은 머리 크기와 목 길이가 반비례하는 경향이 있다. 머리가 무거우면 목이 짧아지고, 머리가 가벼우면 목이 길어지게 된다. 목 길이에 따라 장단점이 있는데, 먼저 짧은 목은 머리의 무게를 부담하기에는 좋으나 질주에 있어서 머리의 회전이 느려 속도를 내기에는 좋지 않다. 반대로 긴 목은 머리의 무게를 부담하기에는 좋지 않으나 머리의 회전을 빠르게 해서 속도를 내기에는 좋다.

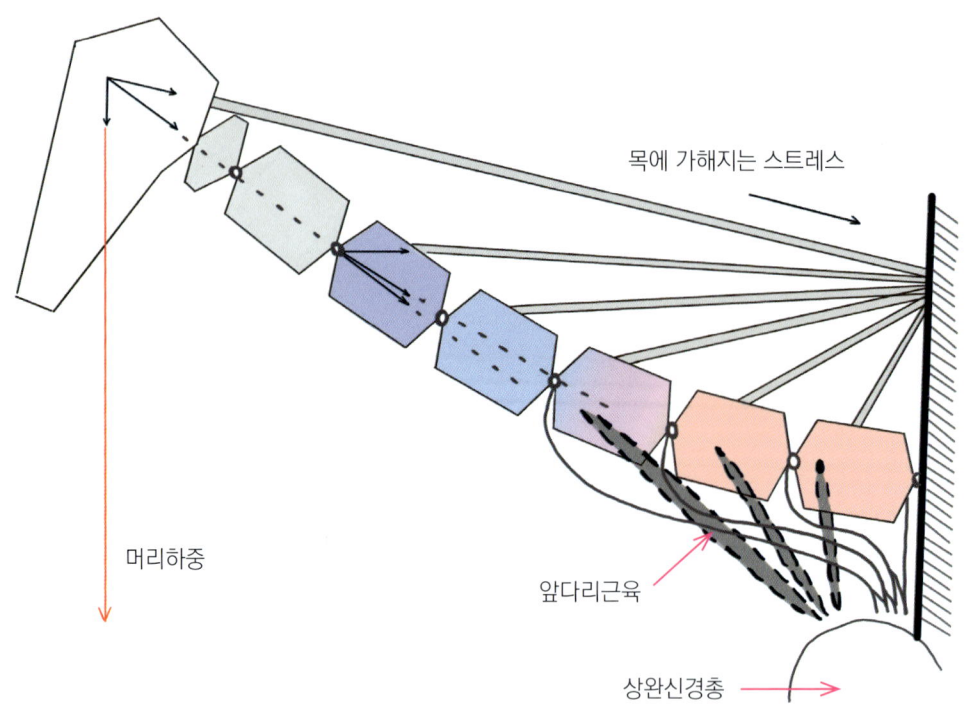

　개의 목은 머리 무게를 편하게 지탱할 수 있도록 평상시 보행에서는 목이 최대한 일자를 유지하려고 한다. 목이 받는 머리의 하중이 줄어들고, 경추와 흉추로 이어지는 근육의 스트레스를 덜기 위함이다. 5~7번 경추에는 많은 앞다리 근육이 부착되어 있고 상완신경총을 통해 앞다리와 생체역학적으로 연결되어 있다. 상완신경총은 척수에서 앞다리의 움직임과 감각신경을 전달하는 신경이다.

7.2 목의 형태

목은 곧고 약간 둥근 형태가 좋다. 너무 굽거나 평평하거나 납작한 목은 머리의 무게를 부담해야 하는 목 주변부 근육의 피로도가 높아질 수 있다.

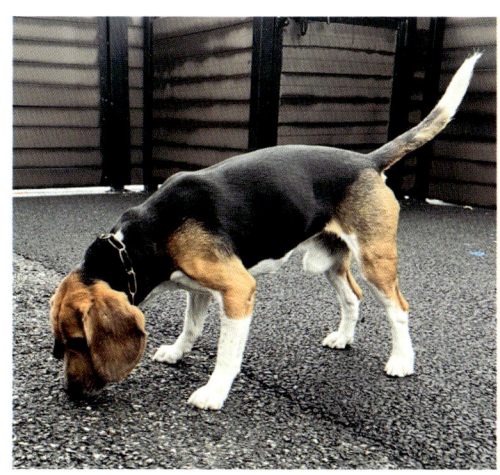 

목이 아래로 내려가 있는 상태로 오랜 시간을 보내는 탐지견, 혹은 냄새 맡기를 좋아하는 개체들 경우에는 목과 등에 긴장을 유발할 수 있다. 또한 머리가 전방 아래로 낮아지며 무게중심이 앞으로 쏠려 앞다리가 부담해야 하는 하중이 늘어나 부담이 갈 수 있다.

반대로 목이 위로 들려 오랜 시간을 보내는 오비디언스 독, 혹은 주인을 쳐다보기 위해 목을 특히 더 높게 치켜드는 소형견들 같은 경우에도 목과 등에 긴장을 유발할 수 있다. 뒷다리 쪽으로 무게중심이 쏠리며 앞다리에서 뒷다리에 가는 부담이 척추에 남을 수 있다. 각 개체들의 평소 행동양식을 파악하고 관찰하여 적절한 스트레칭을 해주는 것이 좋다.

7.3 경추

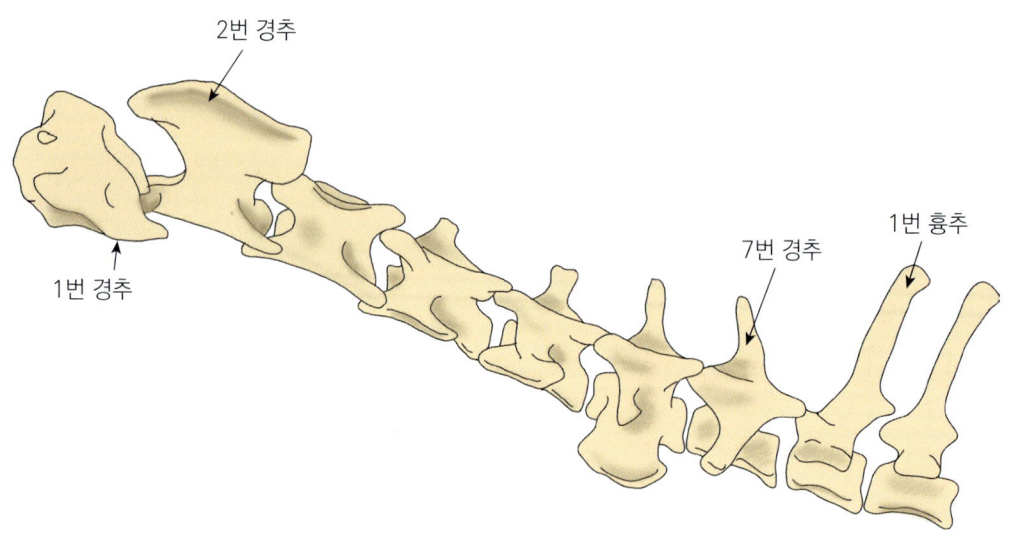

목의 뼈를 '경추'라고 하며 총 7개의 뼈로 구성되어 있다. 경추는 다른 척추와 달리 가로돌기에 가로구멍이 있는데, 1~6번 경추에는 이 구멍이 척추동맥과 정맥을 둘러싸고 있고, 7번 경추의 가로구멍은 부속 정맥을 둘러싸고 있다. 머리와 몸통을 연결해주는 부위이기 때문에 뇌로 혈액을 공급하기 위한 혈관들을 둘러싸서 보호하는 역할을 한다.

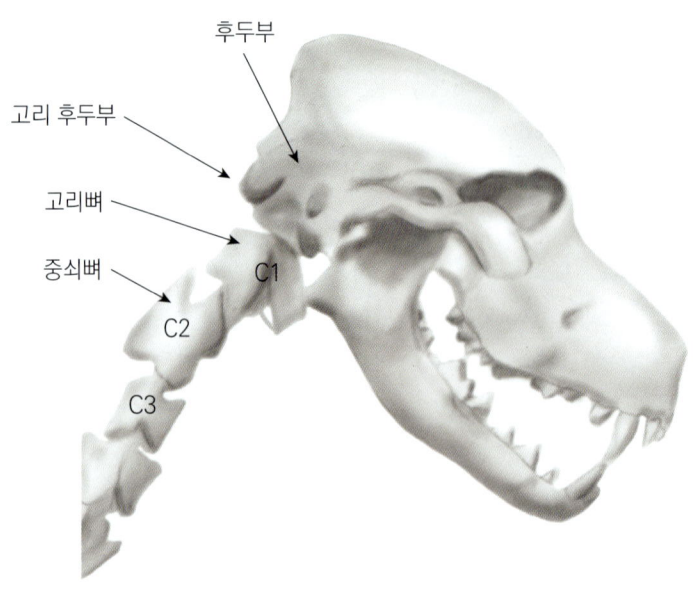

1번 경추를 고리뼈라고 부르며, 다른 경추와 달리 척추 몸통과 가시돌기가 없이 양쪽에 날개 모양의 큰 돌기가 존재하는 형태를 보인다. 이는 머리를 짊어지고 있는 직접적인 뼈이기 때문에 무게를 감당하는 역할에 초점을 둔 형태를 하고 있는 것이다. 고리뼈를 뜻하는 'Atlas'라는 이름도 그리스 로마 신화 속 어깨에 세상을 짊어진 신의 이름을 따온 것이다. 고리뼈는 두개골과 직접적으로 관절하며 머리의 끄덕임 운동을 가능하게 한다.

2번 경추는 중쇠뼈라고 부르며 칼모양의 긴 가시돌기를 갖고 있어 주된 목 근육의 부착면을 제공한다. 앞쪽으로 발달된 치아돌기가 고리뼈의 척추구멍에 연결되어 고리뼈의 끄덕임 운동과는 반대되는 좌우로 회전운동을 가능하게 한다.

3~7번 경추는 일반적인 척추 모양을 하고 있다. 6번 경추는 아래쪽이 확대되어 중쇠뼈와 함께 목의 주요 근육의 부착면을 제공한다.

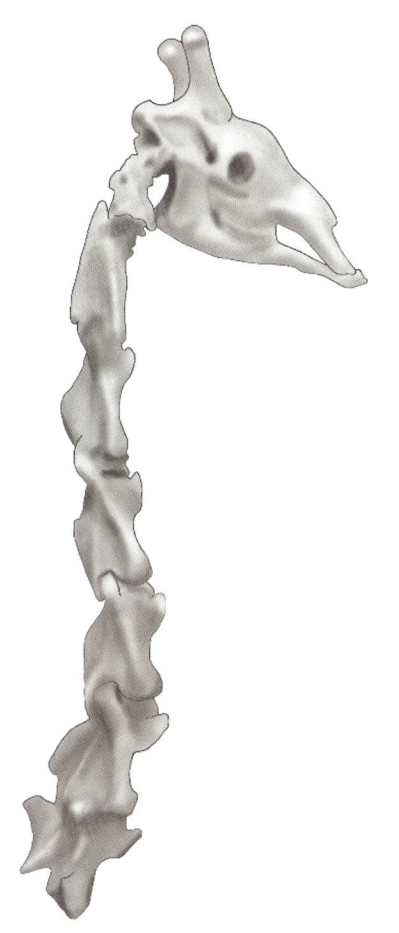

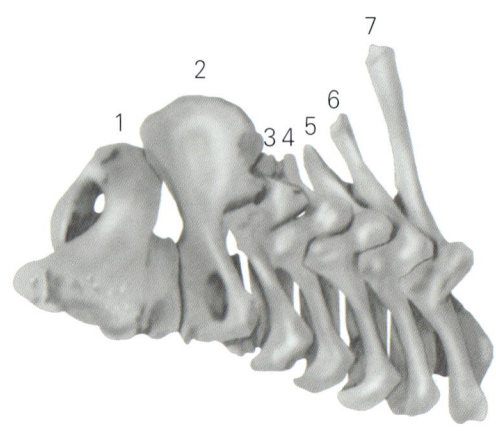

거의 모든 포유류는 동일하게 7개의 경추를 가지고 있다. 1000종이 넘는 포유류 중에 예외가 되는 종은 해우(6개), 두 발가락 나무늘보(6개), 세 발가락 나무늘보(9개) 정도이다. 목이 가장 긴 포유류라고 할 수 있는 기린에서부터 육상 동물 중 가장 몸집이 큰 코끼리, 포유류이자 해양 동물인 고래도 모두 동일하게 7개의 경추를 가지고 있다. 목 길이의 차이는 경추의 수에 따라 결정되는 것이 아니라 각 척추의 길이에 따라 결정되는 것이다. 기린의 경추 하나 길이는 30cm 정도라고 한다.

8 앞다리

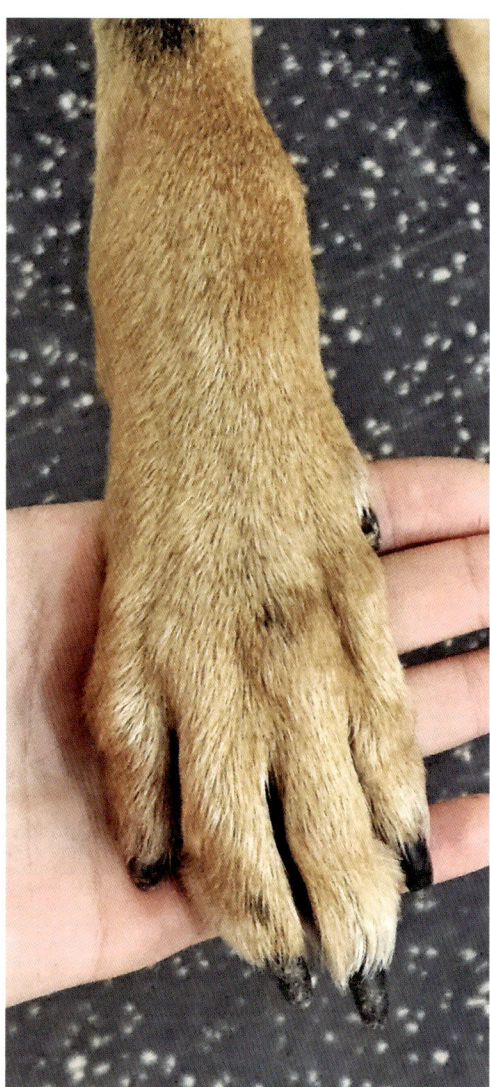

앞다리는 뒷다리와 함께 몸을 지탱해주며 사람의 손이 하는 역할을 하기도 한다. 뛰거나 착지할 때, 급브레이크를 밟을 때 충격을 흡수하고, 뒷다리의 추진력을 받아 방향을 전환하고 도움닫기 등의 역할을 한다.

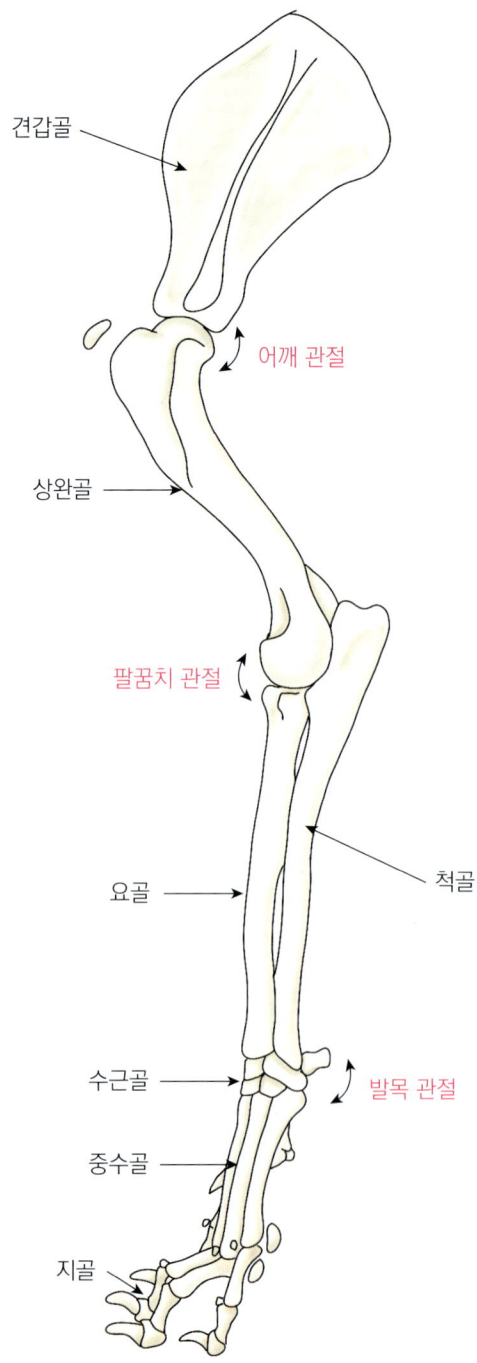

앞다리를 구성하는 뼈

견갑골은 어깨뼈를 말하며 다른 뼈와 관절되어 몸에 붙어 있지 않고 근육으로 부착되어 있는뼈이다. 앞다리 운동을 주관하는 큰 근육이 많이 붙는 뼈이다. 아래쪽으로는 상완골과 함께 어깨 관절을 형성한다.

상완골은 앞다리 윗부분을 구성하는 긴 뼈로, 견갑골과 어깨 관절을 형성하고 가슴의 무게를 부담하는 주된 뼈이다.

요골과 척골은 전완부를 구성하는 뼈로 상완골과 관절하여 팔꿈치 관절을 형성한다.

어깨 관절의 제한적인 움직임으로 인해 힘들어진 방향 전환을 보완해준다.

앞발뼈는 수근골, 중수골, 지골로 구성되어 있다.

8.1 앞다리 부위 근육

다음은 가슴, 어깨를 포함한 앞다리의 주요 부위 근육이다. 승모근, 삼각근, 상완이두근, 상완삼두근, 앞 발목 굽힘/폄근, 광배근, 전거근 등이 있다.

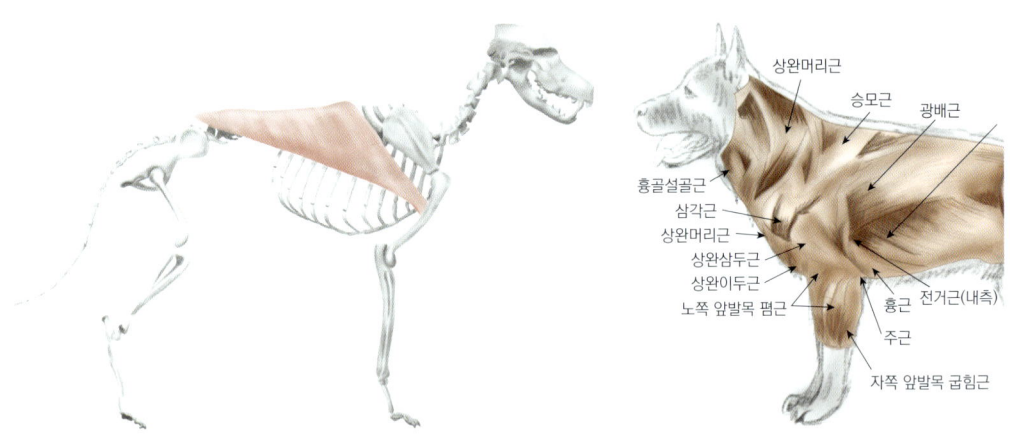

승모근은 경추에서부터 흉추까지 닿는 근육으로 앞다리를 내밀어 위쪽으로 드는 역할을 한다. 삼각근은 어깨 앞쪽으로 위치하며 상완을 위로 들어올리는 역할을 한다. 상완이두근은 팔꿈치관절을 굽히고 상완삼두근은 팔꿈치관절을 펴는 역할을 한다. 노쪽 앞 발목 폄근은 발목관절을 펴고 자쪽 앞 발목 굽힘근은 발목관절을 굽히는 역할을 한다. 광배근(활배근)은 등에서부터 뻗어 있는 큰 근육으로 앞다리를 뒤로 당겨주는 역할을 한다.

8.2 견갑골

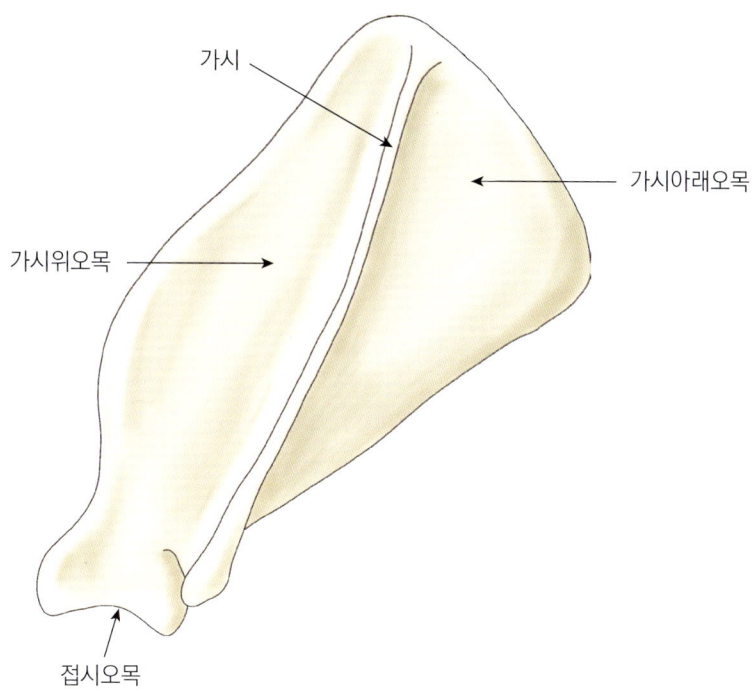

 견갑골은 어깨뼈를 말한다. 관절로 연결되어 있지 않고 근육으로 몸에 부착되어 있다. 견갑골 중앙부에 융기된 형태인 가시가 존재하는데, 이를 중심으로 가시위오목과 가시아래오목으로 구분된다. 두 공간이 분리되어 있으므로 인해 어깨를 펴는 역할을 하는 가시위근과 어깨를 굽히는 역할을 하는 가시아래근이 각각 수축 이완을 할 때 서로 방해받지 않고 움직일 수 있다. 견갑골 아래쪽으로는 접시오목이라고 하는 관절면이 존재하는데, 이는 상완골의 머리 부분과 관절하여 어깨 관절을 형성한다. 견갑골은 앞다리 운동에 있어서 필요한 많은 근육을 부착하기 위해 넓은 모양을 하고 있다. 삼각근, 상완이두근, 상완삼두근, 소흉근, 견갑하근 등의 많은 근육이 부착한다.

8.3 상완골

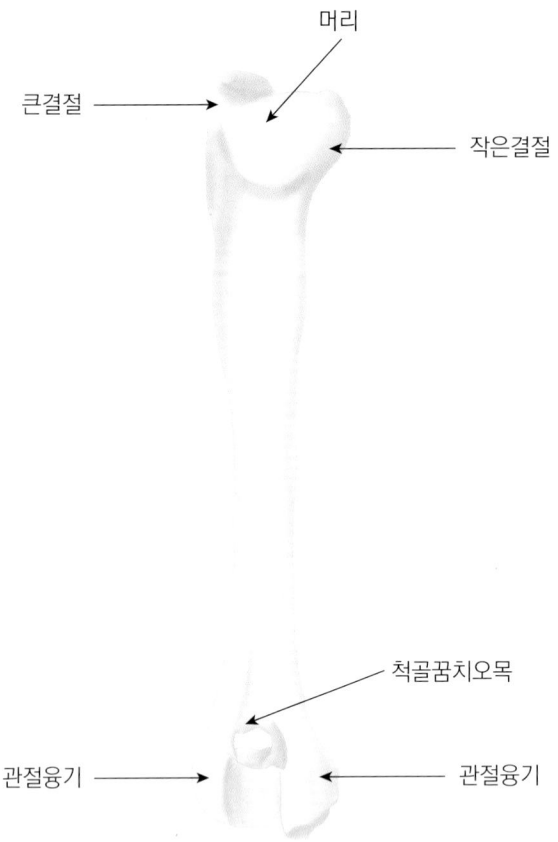

 다음은 상완골이다. 상완골은 앞다리의 윗부분을 구성하는 긴 뼈로, 앞에서 나온 것처럼 견갑골의 접시오목과 함께 어깨 관절을 형성한다. 아래쪽으로는 요골, 척골과 함께 팔꿈치 관절을 형성하게 된다. 또한 견갑골이 몸에 뼈와 관절해서 붙어 있는 게 아니라 근육으로 부착되어 있기 때문에 실질적으로 가슴을 포함한 전구의 무게를 감당하는 주된 역할을 하게 된다.

 상완골의 머리 부분에 큰 결절과 작은 결절은 어깨 관절을 지지하는 근육의 부착면을 제공해주는데, 특히 앞에 나왔던 어깨를 굽히고 펴는 역할을 하는 가시위근과 가시아래근이 이 결절에 닿게 된다. 머리에서 먼 쪽에는 척골꿈치오목이 있어 척골꿈치돌기를 받아들인다.

8.4 요골과 척골

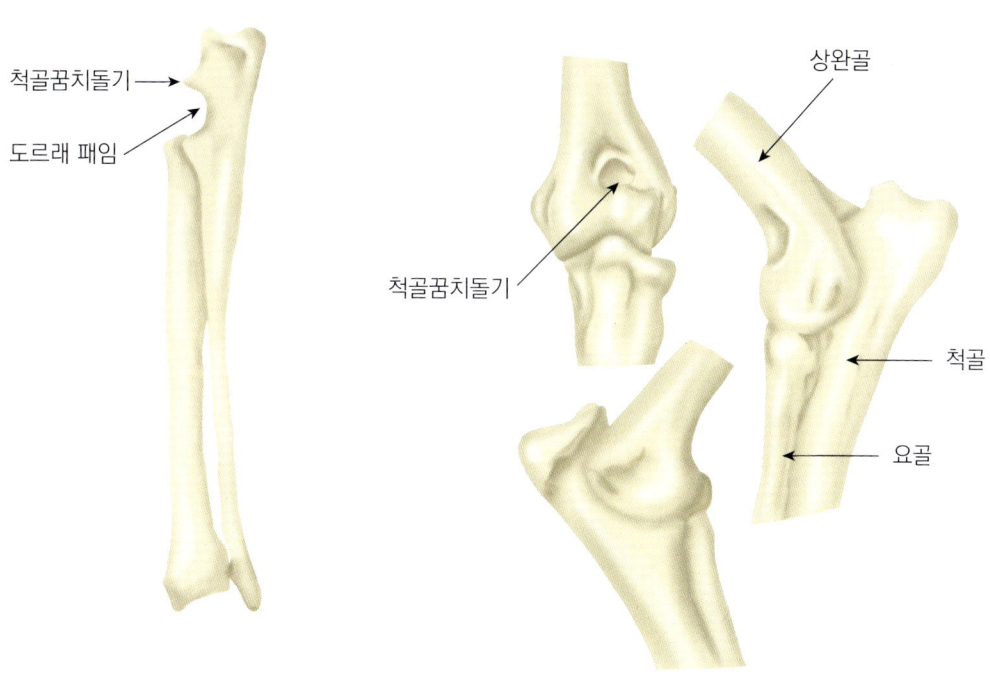

다음은 전완부를 구성하는 요골과 척골이다. 요골은 노뼈, 척골은 자뼈라고도 부른다. 척골의 도르래패임이 상완골과 관절하는데, 앞서 나왔던 것처럼 척골꿈치돌기가 팔꿈치관절을 펼 때 척골꿈치오목에 들어감으로써 좀 더 안정적인 관절을 형성할 수 있다.

요골은 막대 모양의 뼈로, 척골보다 짧다. 발을 내, 외측으로 조금씩 움직이게 해주는 역할을 하며, 이는 어깨 관절의 제한적인 움직임으로 인해 힘들어진 방향 전환을 보완해준다. 그리고, 전완부에 요골과 척골, 두 개의 뼈가 위치함으로써 착지하거나 급브레이크를 밟을 때 두 뼈로 무게가 분산되는 역할을 한다. 전완부가 하나의 뼈로 이루어져 있다고 생각해보면 충격에 의해 부러질 확률도 높아지고 전완부의 안정성이 떨어질 수 밖에 없다.

요골은 체중을 지탱하는 주요한 뼈이고, 척골은 비교적 체중부하가 적은 뼈이다. 척골의 척골꿈치머리는 팔꿈치관절을 펴는 기능을 하는 상완삼두근의 부착점으로 중요한 지렛대의 역할을 한다.

8.5 앞다리의 구성과 각도

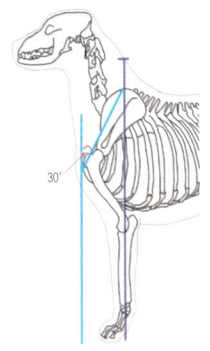
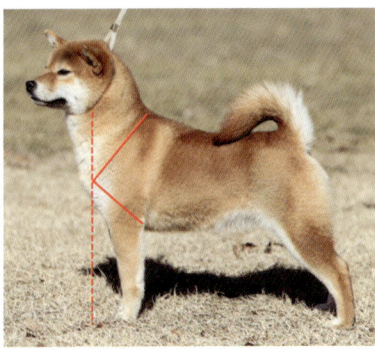

개가 보행을 하는데 있어 가장 중요한 것이 사지의 각도이다. 견갑골의 각도, 견갑골과 상완골이 이루는 각도, 대퇴골과 하퇴골이 이루는 각도 등의 사지 각도는 보행과 질주에 있어 보폭, 지구력 등을 결정하는 주된 요인이 되기 때문이다. 먼저 견갑골의 각도에 대해 알아볼텐데, 견갑골의 각도는 지면에서 가슴뼈의 앞쪽 끝부분(흉골단)을 지나는 수직인 선을 그었을 때 그 선과 견갑골이 형성하는 각도를 말한다. 가장 이상적인 각도는 30도 정도이다. 견갑골은 보행하거나 질주할 때 앞뒤로 조금씩 회전하게 된다. 회전하는 정도에는 개체마다 차이가 있지만 앞뒤로 약 15도 정도 회전한다. 견갑골의 각도가 작아서 앞다리가 서는 일자에 가까운 모양을 할수록 앞다리 회전이 더 빨라지게 되고 달리기에 유리한 형태를 가지게 되는 것이다. 시각하운드 계열의 견종들은 이처럼 견갑골의 각도가 작게 형성된다.

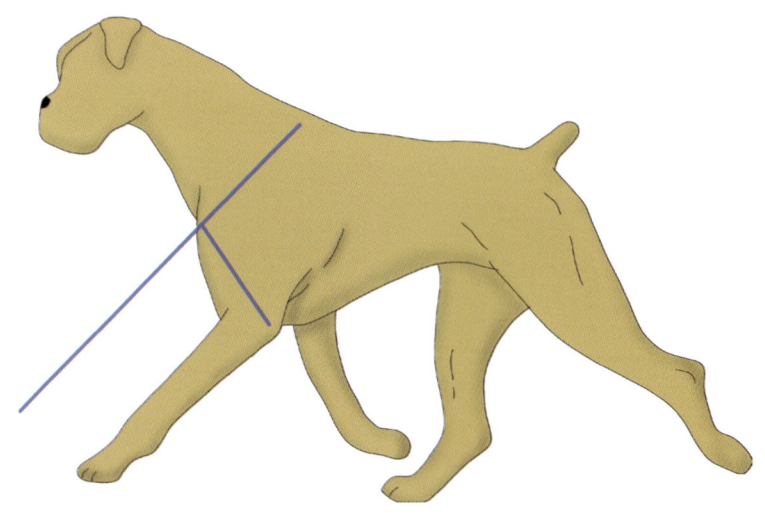

견갑골과 상완골이 이루는 각도에 대해 알아보자. 달리거나 착지할 때 상완골을 주축으로 앞다리가 체중의 60% 이상을 부담하는 만큼 견갑골과 상완골의 적절한 각도가 중요하다. 90도의 각도가 가장 이상적이기는 하나 실제로 90도의 각도를 가지는 개는 거의 없고 대부분의 개체는 100~105°의 각도를 가지게 된다. 적절한 각도를 가진 개체는 안정적이고 보폭이 넓어지며 어깨 관절이 앞쪽에 위치하게 되어 앞다리의 움직임에 여유가 생기게 된다.

이 각도가 좁을수록 전완부가 앞으로 많이 펴질 수 있기 때문에 보폭이 커지지만 가동범위가 넓어 힘의 소모가 많아진다. 반대로 각도가 클수록 전완이 적게 펴지기 때문에 보폭이 작아지지만 가동범위가 좁아 힘의 소모가 적어진다.

시각하운드의 경우 견갑골의 각도가 작고 견갑골과 상완골이 이루는 각도가 커서 평상시 보행에서는 앞다리 보폭이 줄어들게 되지만 시각하운드의 주된 움직임은 갤럽에서 관찰할 수 있다. 견갑골의 각도가 작아서 견갑골의 회전이 빨라져서 더 많은 걸음을 갈 수 있게 되는 것이다. 시각하운드의 갤럽은 앞다리보다 허리의 유연성과 근력, 뒷다리 근력이 주된 역할을 하기 때문에 앞다리는 뒷다리에서 나오는 추진력에 맞춰 더 빠르게 많이 움직이게 되는 것이다.

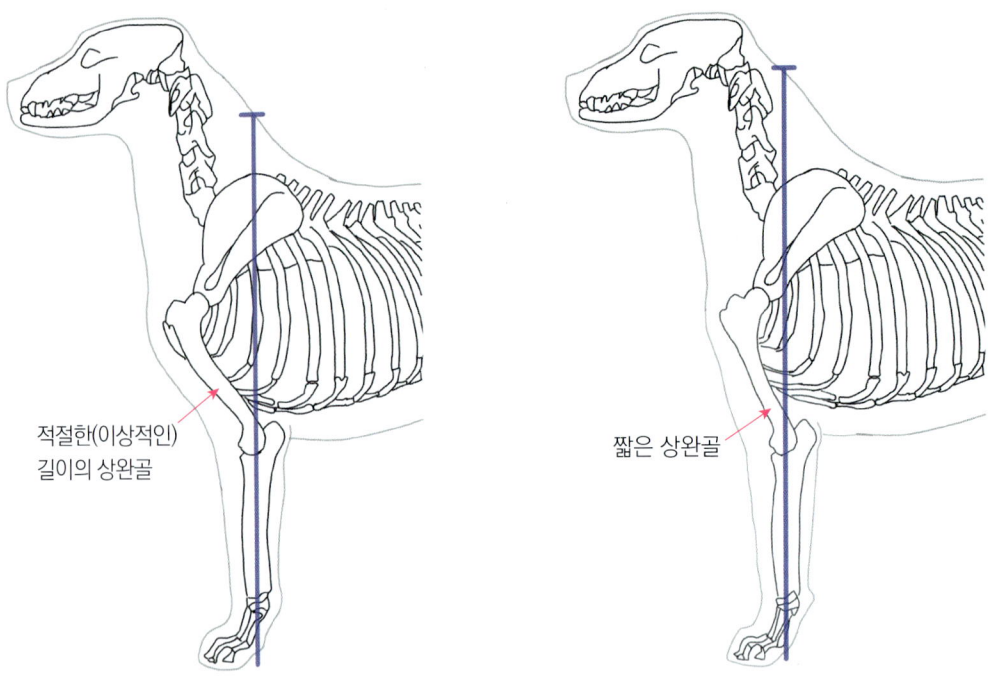

적절한(이상적인) 길이의 상완골   짧은 상완골

다음은 상완골의 길이에 대해서 알아보자. 상완골이 적당한 길이를 갖는 것도 역시 움직임에 있어서, 그리고 앞서 나왔던 것처럼 가슴의 무게를 감당하는데 있어 중요한 부분인데, 견갑골과 상완골이 1대1의 길이를 갖는 것이 적절하다. 상완골이 충분히 길어야 어깨 관절에서 더 큰 각도를 생성하고, 팔꿈치관절을 충분히 뒤로 배치할 수 있다. 팔꿈치가 뒤로 배치되는 만큼 전완부가 뒤로 배치되기 때문에 이는 모두 보폭 증가의 이점을 볼 수 있다.

반대로 상완골이 짧아지면 견갑골과 상완골이 이루는 각도가 커지면서 어깨관절과 팔꿈치 관절이 가까워져 관절에 가해지는 스트레스가 커지게 되고, 스트레스로 인해 근육의 사용이 많아지며 근육의 피로도 또한 높아지게 된다. 또한, 팔꿈치관절이 앞쪽으로 위치하며 좁은 보폭을 가지게 되는 것이다.

8.6 앞 발

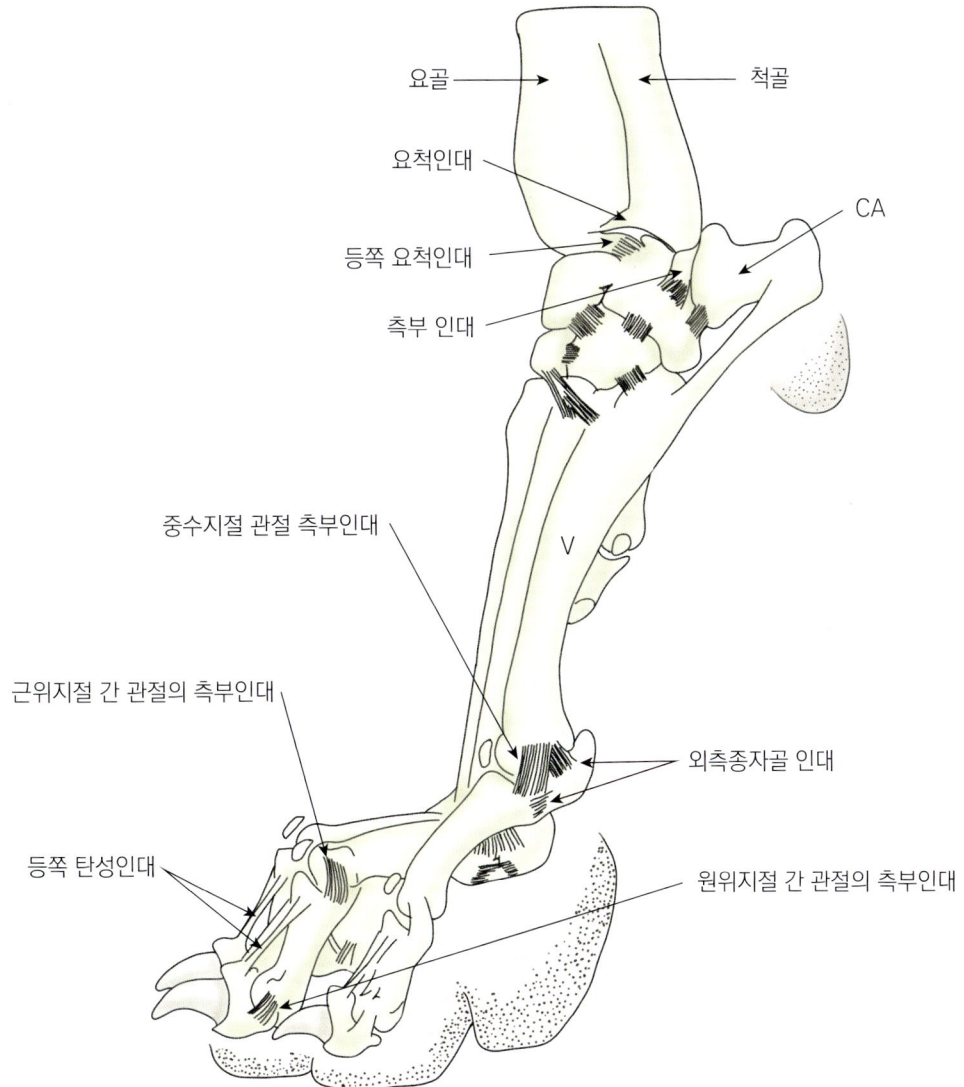

 앞발은 수근골, 중수골, 지골이 수많은 인대로 연결되어 있는 구조로 되어있다. 근육이 붙을 수 없어서 인대로써 서로 연결되고 지지하는 구조를 가지게 된다. 또한 전완으로부터 내려오는 하중을 완화하고, 앞발가락을 오므려서 앞으로 치고 나가는 스파이크 역할과 회전 시 몸을 지탱해주는 역할을 한다. 또한 발바닥은 쿠션과 같은 기능을 하여 전구에 가해지는 충격을 흡수하는 역할을 하기도 한다.

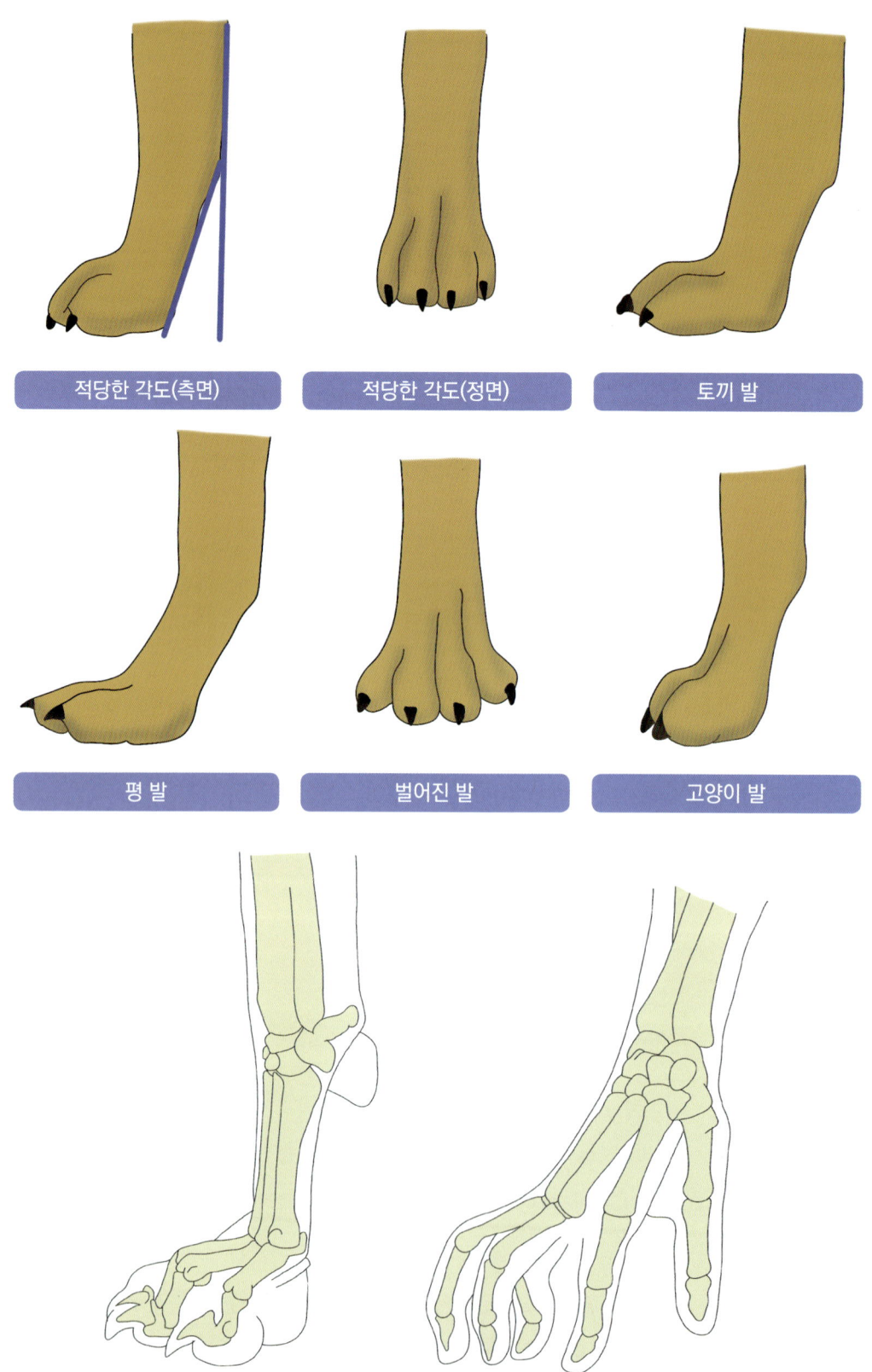

완전부는 전완부에서 발목으로 내려올 때 꺾이는 부분을 말한다. 보행이나 질주 등 앞다리가 땅을 밟을 때 충격을 완화하는 역할을 하는 부분이며 25~30° 정도의 각도를 이루는 것이 적당하다. 길고 가늘고 뾰족한 형태를 토끼발이라고 부르는데, 이는 완전부가 약하고 긴 개체에서 나타나는 형태이다. 평발의 경우에는 앞다리가 땅을 밟을 때 충격의 완화가 불안정하고 뼈나 관절의 피로도가 높은 형태이며 벌어진 발의 경우 정상적인 형태의 발과 달리 발가락 사이에 틈이 있고 벌어져 있으므로 보행이나 질주 시 특히 돌이 있는 거친 지면에서 발가락에 부상이 생길 우려가 높다. 고양이 발은 개에 비해 더 두툼한 패드가 있어 안정감 있게 땅에 접지하지 못하며 발톱을 사용함에 있어 확고한 스파이크 역할을 수행하기에는 어렵지만 충격완화에 있어서는 유리한 형태이다.

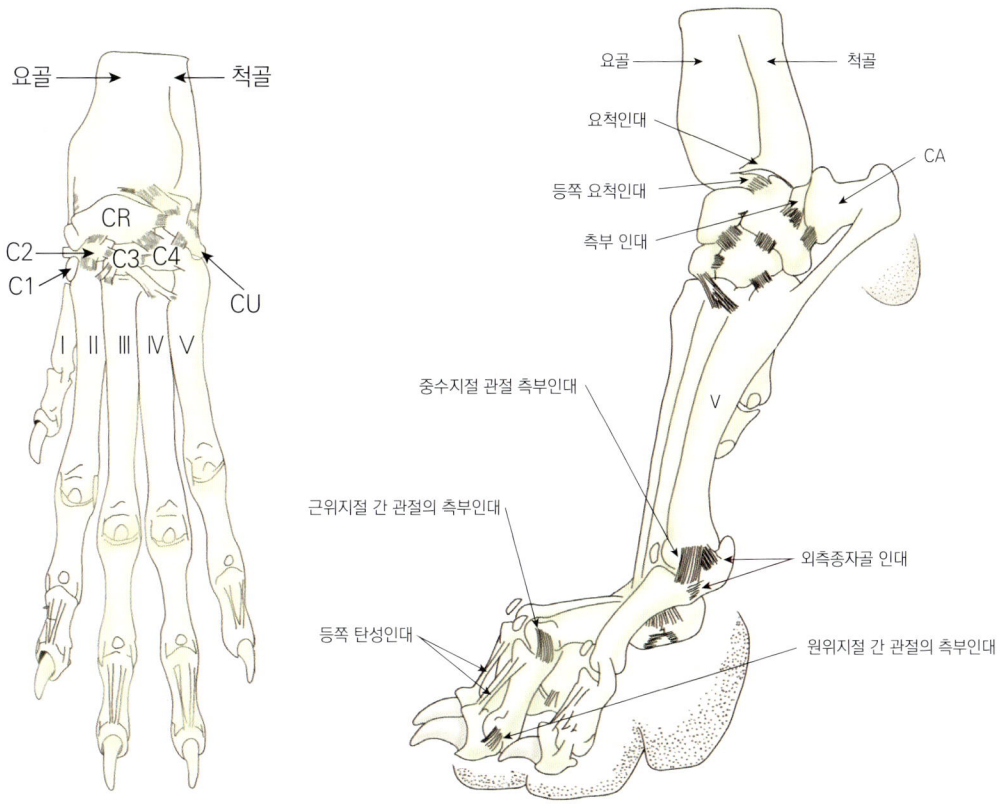

수근골은 앞발목뼈라고 부르고, 일곱 개의 수근골이 두 줄로 정렬되어 있다. 요골 수근골(CR)과 척골 수근골(CU)은 각각 요골과 척골에 직접 관절하고, 그 아래로 1, 2, 3번 수근골

과 관절한다. 이 말은 즉 모든 발목뼈가 요골, 척골과 관절하는 것이 아니라는 것이다. 실질적으로 요골, 척골과 관절하는 뼈는 요골 수근골, 척골 수근골, 보조 수근골(CA)이다. 이어서 1, 2, 3번 수근골은 아래쪽으로 각 1, 2, 3번 중수골과 관절하고, 4번 수근골은 위쪽으로 요골 수근골, 척골 수근골과 관절하고, 아래쪽으로는 4, 5번 중수골과 관절한다.

척골에 직접적으로 척골 수근골과 보조 수근골이 연결되면서 달리기에 더 적합한 특수화된 전완수근 배열을 형성하는데, 개의 보조 수근골은 길게 발달되어 있어 개가 달릴 때 마치 지렛대와 같이 지지해서 보다 적은 힘으로 앞으로 치고 나갈 수 있게 도와주는 것이다.

다음은 중수골이다. 중수골은 앞발허리뼈라고도 부르고 다섯 개의 뼈로 구성되어 있다. 1번 중수골은 크기가 가장 작고, 체중을 지탱하지 않는 일명 며느리발톱이 달려있는 부위이다. 위쪽으로 수근골과 관절하고, 아래쪽으로는 지골, 발가락뼈와 관절하게 된다.

지골은 앞발가락뼈라고 부르며, 지골은 총 3개의 뼈로 구성되어 있다. 하지만 1번 지골, 며느리 발톱 같은 경우에는 2개의 뼈로만 구성이 되어 있다. 위쪽으로는 중수골과 관절하고, 아래쪽은 갈고리발톱돌기, 즉 발톱으로 발달되어 있다.

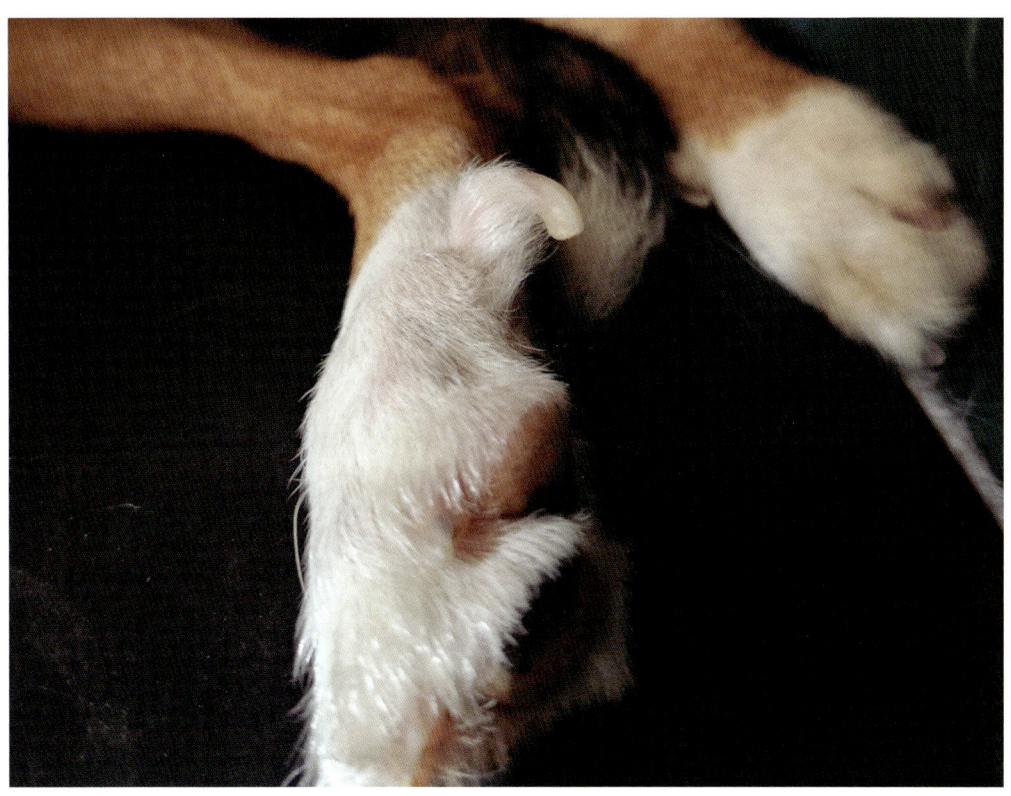

　앞서 나온 며느리발톱에 대해 조금 더 알아보자. 며느리발톱은 늑대 발톱이라고도 하는데, 주로 앞발에 존재하고 뒷발에서도 보이는 경우도 있다. 다른 지골은 3개의 뼈로 구성되어 있는 반면 며느리발톱은 2개의 뼈로만 구성되어 있어 비교적 불안정한 구조로 보이기도 한다. 이 쓰임새에 대해 알아보면 존재의 이유를 알 수 있다.

　늑대발톱이라는 이름에서 알 수 있듯이 개의 조상인 늑대에서 보이는 발톱의 형태이다. 늑대는 개와 달리 나무나 절벽 같은 가파른 구조를 잘 오르는데, 높은 곳에 올라간 먹이를 사냥하거나 더 강한 포식자의 위험으로부터 나무와 같이 높은 곳으로 도망칠 때 앞발과 뒷발에 존재하는 며느리 발톱을 사용하는 것이다. 하지만 현재 우리와 함께 살아가는 개들에게는 그 필요성이 줄어들었다. 높은 곳에 올라 사냥을 할 필요도, 포식자의 위험으로부터 높은 곳으로 도망칠 필요도 없는 것이다. 개껌과 같은 긴 먹이를 잡거나, 장난감을 잡을 때 앞발로 움켜쥐며 며느리발톱이 사용된다. 하지만 뒷발 며느리발톱은 사용해야 하는 상황은 거의 없어 대부분의 개체에 있어 퇴화된 것이다. 일부 견종에서는 뒷발의 며느리 발톱이 견종표준으로 인정되기도 하는데, 대표적으로 그레이트 피레니즈는 스페인과 프랑스를 잇는 피레네 산맥에서 유래된 품종으로, 산악지역에서의 이동에 유리하도록 뒷발 며느리 발톱이 발현된다.

발톱은 걷거나 뛰거나 운동을 하며 어느 정도 자연스럽게 갈리는데 며느리 발톱은 지면과 접촉할 일이 거의 없기 때문에 더 빨리 자란다. 너무 길어지면 발톱이 말려서 인접한 피부를 찔러 자극할 수도 있기 때문에 주기적인 관리가 필요하다.

마지막으로 발바닥에 대해 알아보자, 발바닥은 지면과 직접적으로 맞닿는 부분이다 보니, 연약한 피부조직이 아닌, 특화된 표피와 두꺼운 피하지방층으로 이루어져 있다. 충격을 흡수해서, 뼈와 관절을 보호하는 역할을 하게 된다. 먼저 디지털패드는 하중을 지탱하고 충격을 흡수하는 역할을 한다. 중수골 패드와 중족골 패드는 마찬가지로 하중을 지탱하고 개의 몸을 지지하는 역할을 하고, 앞발목 패드는 경사면이나 급 브레이크를 밟아야 하는 상황에서 안정적인 정지를 돕는 역할을 한다.

8.7 올바른 앞다리 구성

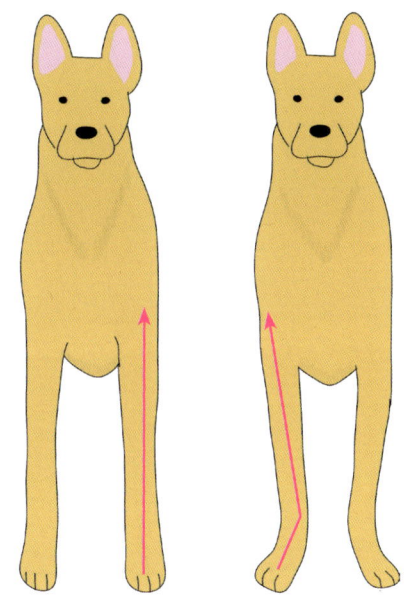

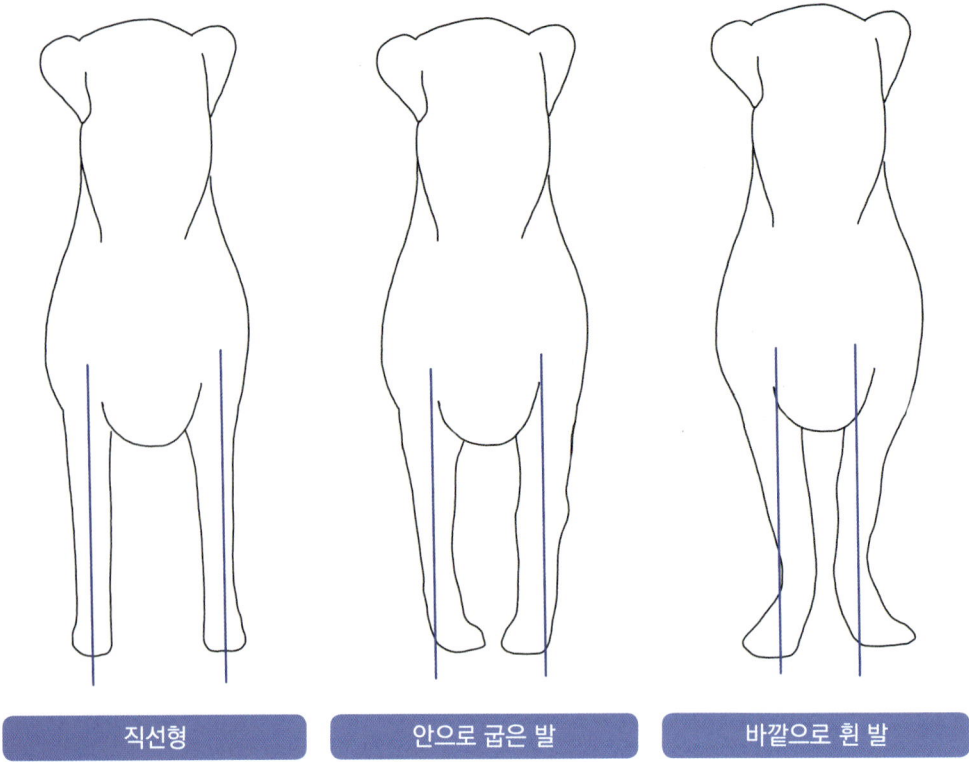

| 직선형 | 안으로 굽은 발 | 바깥으로 휜 발 |

    정면에서 보았을 때 견갑부터 상완, 앞발에 이르기까지 수직인 직선의 형태를 보이는 것이 가장 이상적이고 안정적인 앞다리 형태이다. 앞다리가 땅을 차고 나아갈 때, 수직이어야 가장 효율적으로 힘을 전달할 수 있는데, 그림처럼 앞발이 내외측으로 심하게 휘어있는 경우에는 땅을 차고 나아갈 때 꺾이는 부분이 존재해서 비효율적으로 힘을 사용하게 되고, 더 나아가 안으로 굽은 발은 3, 4번 발가락, 바깥쪽으로 휜 발은 1, 2번 발가락의 부상 위험이 높다. 또한 앞다리 관절을 지지하는 인대와 힘줄의 스트레스도 증가하여 전반적인 앞다리 안정성에 악영향을 미친다.

8.8 대표 질환

🐾 팔꿈치 이형성증

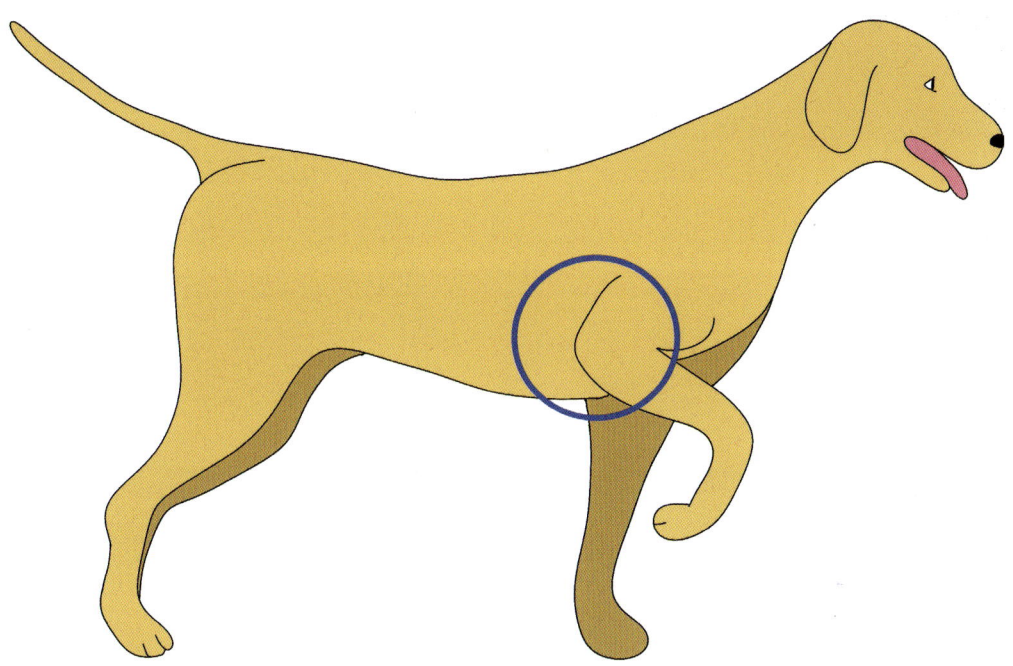

　상완골, 요골, 척골의 성장정도, 혹은 구성이 맞지 않아 특정 부위에 힘이 더 들어가게 되며 절뚝거리는 걸음을 보이는 유전병이다. 관절 사이의 연골 손상을 유발한다. 생후 5개월 전후로 발현되는 경우가 많다. 골든 리트리버, 저먼 셰퍼드, 세인트버나드 등 대형견에서 자주 보인다. 초기에는 수면이나 장시간 휴식 후에 일어났을 때 약간의 통증이나 절뚝거림을 보이고 그 빈도와 시간이 늘어나면 팔꿈치 이형성증이 진행되고 있다는 것을 의미한다. 앞다리 한쪽 혹은 양쪽에 불편함을 느껴 해당 부위에는 힘을 가하지 않고 나머지 사지가 체중을 지지하므로 다른 관절들에 2차적인 관절염을 유발할 수도 있다. 재활 운동으로 근육량을 늘려 관절의 안정성을 보조하거나 체중 관리를 통해 관절의 체중부하를 줄여줄 수 있다. 체중 관리는 식이조절과 운동을 병행하는데, 운동은 수영이나 수중 런닝과 같은 관절의 부하가 적은 운동부터 상태를 관찰하며 시간이나 강도를 올려주는 것이 좋다.

CHAPTER 04

중 구

1. 중구 부위 근육
2. 등
3. 배
4. 허리
5. 탑라인

견체학

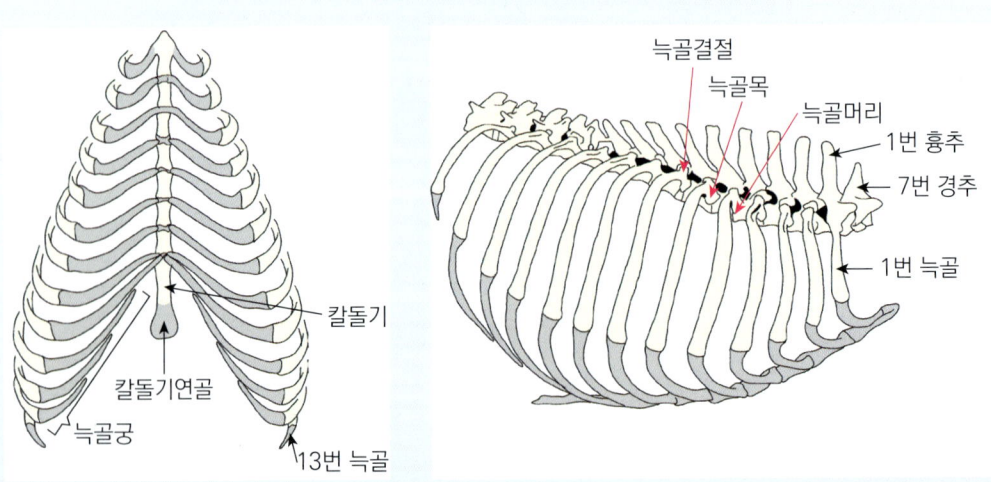

중구는 견체의 중간 부분으로 등, 가슴, 배, 허리를 포함한다. 견체의 중심이 되는 부분으로 신체의 축과 자세를 유지하고 전반적인 움직임에 있어 많이 관여하는 부위이다. 각 부위 근육들과 각 기관의 역할, 구조에 대해 알아보자.

중구 부위 근육

중구의 부위 근육에는 승모근, 복근, 척추기립근, 늑간근 등이 있다.

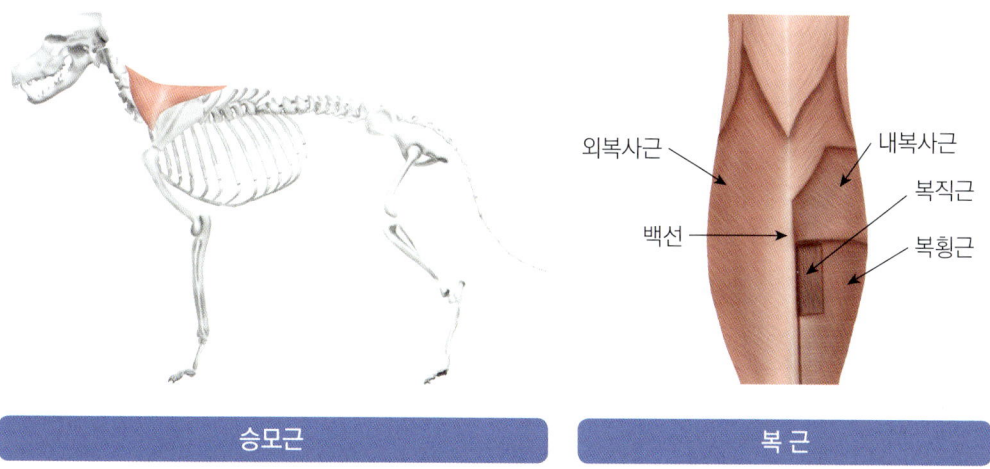

승모근

복근

승모근은 어깨를 후방으로 끌어당기는 역할을 한다. 복근은 복직근과 복횡근으로 나눌 수 있는데 배 안의 여러 장기를 보호하고 뒷다리를 앞으로 끌어오는 역할을 한다.

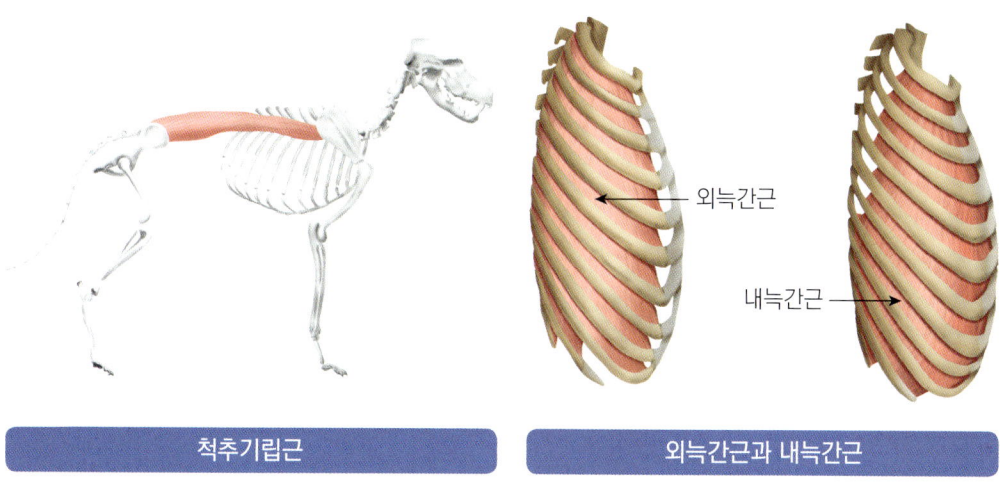

척추기립근

외늑간근과 내늑간근

척추기립근은 복직근과 함께 척추를 굽히고 펴는 움직임에 관여하고, 내늑간근과 외늑간근은 각각 흉곽을 수축 팽창하여 들숨과 날숨의 작용에 관여한다.

2 등

등은 신체의 축과 자세를 유지하고, 척수 및 연부조직을 보호하는 역할을 한다.

2.1 흉추

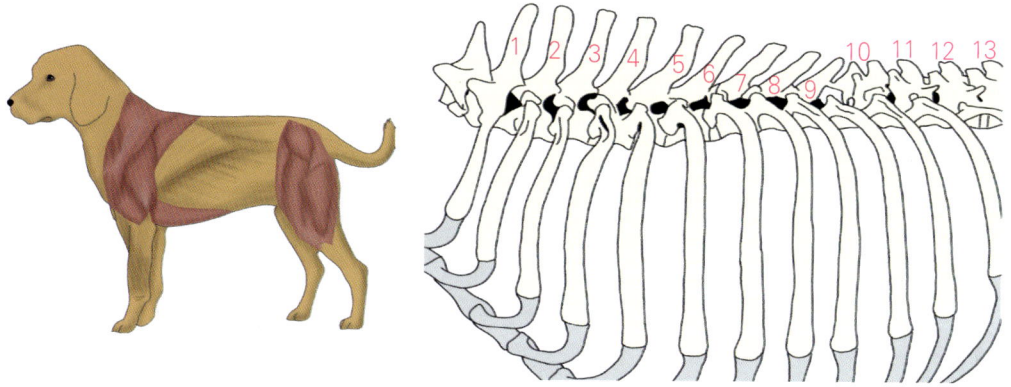

흉추는 등뼈를 말하며 배추라고도 부른다. 총 13개의 뼈로 구성이 되어 있고, 가시돌기가 길게 발달되어 있고, 가로돌기와 몸통은 짧은 형태를 하고 있다.

그렇다면 왜 가시돌기는 길고 가로돌기는 짧은 형태를 하고 있을까? 앞서 등의 역할에서도 나왔듯이 등은 신체의 축을 유지하는 역할을 한다. 흉추의 긴 가시돌기는 등이 역으로 꺾이지 않도록 하여 등선을 유지할 수 있게 길게 발달 된 것이다. 또한 근육의 부착면을 제공하기 위한 역할도 있다. 반면에 가로돌기는 짧다. 근육이 많이 붙기 위해서는 긴 게 유리하지만, 흉추의 양옆으로 흉곽을 이루는데 필수적인 늑골과 관절을 해야 하기 때문에 가로돌기는 짧은 형태를 보이는 것이다.

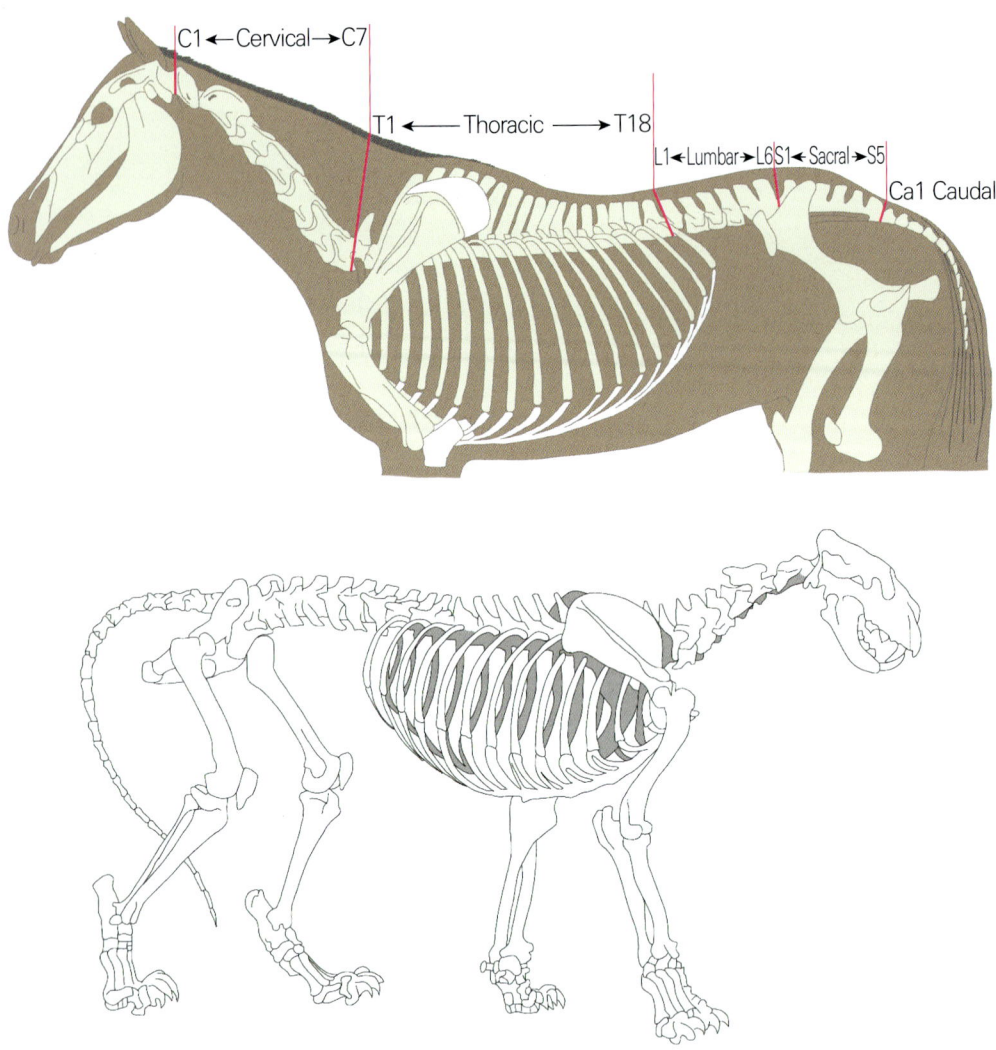

　다음은 초식동물의 대표인 말과 육식동물의 대표인 사자를 예로 들어 비교하여 가시돌기의 차이점에 대해 말해보려고 한다. 사진에서 볼 수 있듯이 척추의 가시돌기, 특히 흉추의 가시돌기에서 그 차이점이 두드러진다. 말의 가시돌기는 비교적 두껍고 가시돌기 사이에 틈이 좁게 촘촘히 형성되어 있다. 반대로 사자의 가시돌기는 비교적 얇고 가시돌기 사이의 간격이 넓게 형성되어 있다. 이는 단순히 개수의 차이 때문이 아니라 두 동물의 특징을 비교하면 알 수가 있다. 초식동물인 말은 비슷한 몸집인 육식동물보다 몸무게가 많이 나가기 때문에 몸에 가해지는 하중이 많고, 그렇기에 유연성보다는 무게를 견디기에 적합하도록 가시돌기가 높게 형성되어 강한 근육의 부착면을 제공하는 척추의 구조를 가지고 있는 것이고, 육식동물인 사자는 유연성을 이용해 질주하고 사냥해야 하기 때문에 유연성에 초점을 둔 모습의 가시돌기를 가지고 있는 것이다. 이 차이점에 대해서는 뒤에서 더 자세히 알아보도록 하자.

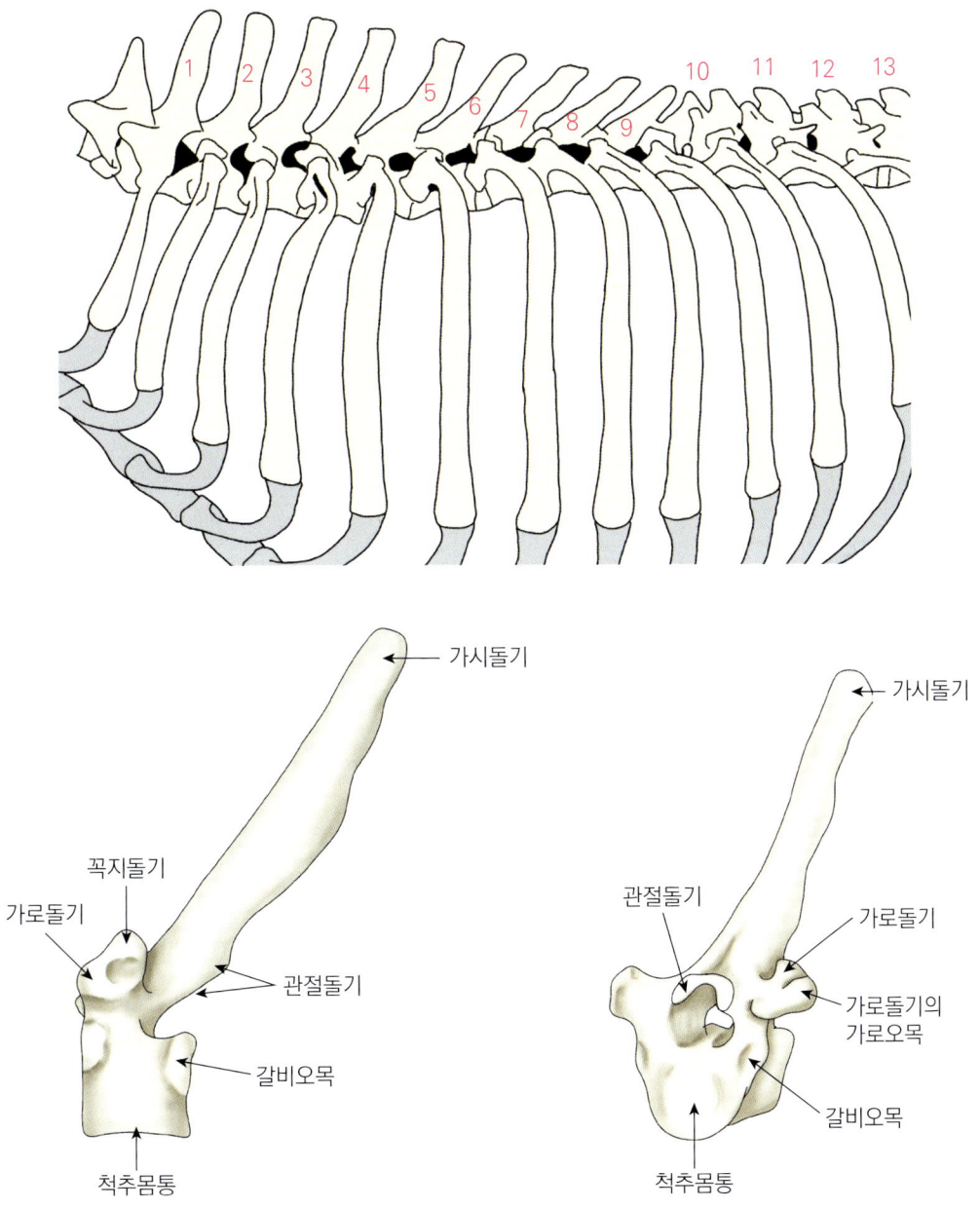

갈비오목에 늑골의 머리가 부착되고, 가로오목에 늑골의 결절이 부착되어 윤활관절을 형성한다. 이러한 윤활관절을 형성함으로써 가슴의 운동, 움직임에 유연성을 더해줄 수 있는

것이다. 윤활관절은 다른 말로 가동관절, 즉 움직일 수 있는 관절이라는 뜻이다.

흉추은 특이한 구조를 하고 있다. 1~10번 흉추의 가시돌기는 몸의 뒤쪽을 향해 뻗어 있고, 11번 흉추는 수직으로 뻗어 있으며, 12~13번 흉추는 몸의 앞쪽으로 뻗어 있다. 가시돌기가 모두 서 있는 형태가 아닌 몸의 무게를 효과적으로 분산할 수 있는 구조를 하고 있는 것이다.

가슴은 늑골로 흉곽을 형성하여 그 안의 장기들을 보호하고, 늑골이 팽창과 수축을 함으로써 호흡을 돕는 역할을 한다.

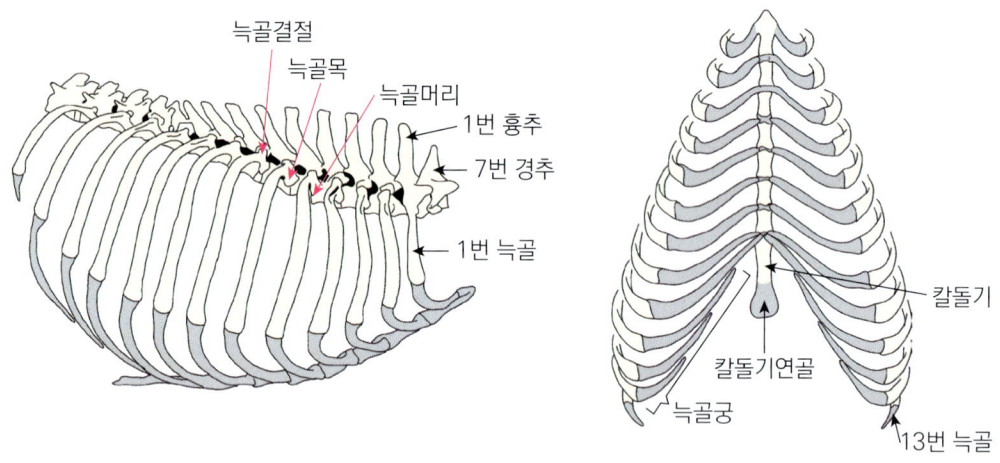

늑골은 갈비뼈라고 부르며 흉추와 관절하는 형태로 존재한다. 흉추의 양옆으로 총 13쌍이 존재하고 흉추와 관절하는 딱딱한 뼈 부분과 그 아래로 흉골과 관절하는 연골 부분으로 나뉜다. 딱딱한 뼈 부분은 연부조직을 보호하는 역할, 그리고 늑간근의 부착면을 제공하는 역할을 중점적으로 하고, 연골 부분은 호흡할 때 흉곽의 팽창과 수축을 보다 유연하게 할 수 있도록 도와주는 역할을 중점적으로 하게 되는 것이다.

1~9번 늑골은 흉골과 직접적으로 관절하는 참 늑골, 10~12번 늑골은 인접한 늑골에 부착되어 늑골궁을 형성하는 거짓 늑골, 13번 늑골은 흉골이나 다른 늑골에 부착하지 않고 배 근육에 싸여있는 형태로 존재하는 뜬 늑골로 존재한다.

　1~9번 늑골은 흉골에 고정되어 있지만, 10~13번 늑골은 흉골에 붙어있지 않아서 비교적 유연한 움직임이 가능하게 된다. 개가 몸을 웅크리거나 특히 배변을 하거나 질주 하는 상황에서 보다 유연하게 뒷다리를 앞쪽으로 가져와 허리가 꺾일 수 있도록 도와주는 것이다.

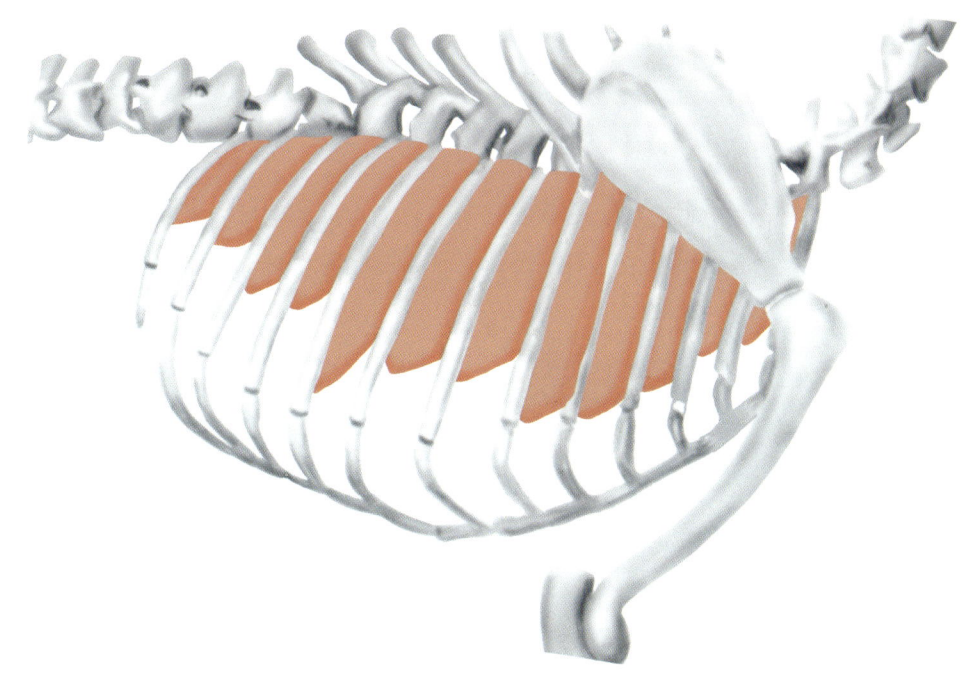

늑골의 사이사이에는 공간이 존재하는데 이를 늑골 사이 공간이라고 하고, 이 공간은 늑간근이라는 근육으로 채워져 있다. 늑간근은 늑골을 움직여 흉곽의 수축과 팽창을 일으켜서 호흡을 하는데 있어서 중요한 역할을 한다.

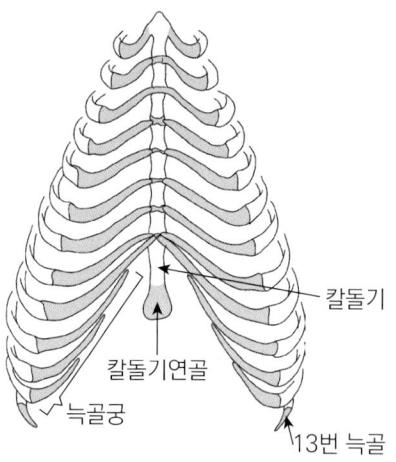

다음으로 흉골은 복장뼈라고도 부르는데, 늑골과 관절함으로써 함께 흉곽을 형성해 그 안에 심장이나 폐와 같은 연부조직을 보호하는 역할을 하고, 늑골과 함께 호흡을 돕는 역할을 한다. 흉골은 8개로 나뉘고 사이사이마다 연골이 존재하게 된다. 1번 흉골은 흉골자루라고 부르고 개의 앞가슴에서 만져지는 튀어 나와 있는 흉골단의 부분이 바로 1번 흉골이다. 2~7번 흉골은 짧은 원통 형태를 띠고 있고, 마지막 복장뼈는 칼돌기라고 불리며 칼돌기연골이 붙어있는데, 이곳은 백선과 횡격막의 부착면을 제공한다. 백선이라는 것은 복부의 중앙에 위치해서 복부근육의 건막을 결합하는 기능을 한다고 하는데 쉽게 생각해서 복근의 부착을 도와주는, 하나로 모아주는 역할을 한다고 보면 된다. 횡격막은 흉강과 복강을 분리해주는 얇은 막으로, 이에 대한 설명은 뒤에서 더 자세히 알아보자.

2.2 흉강

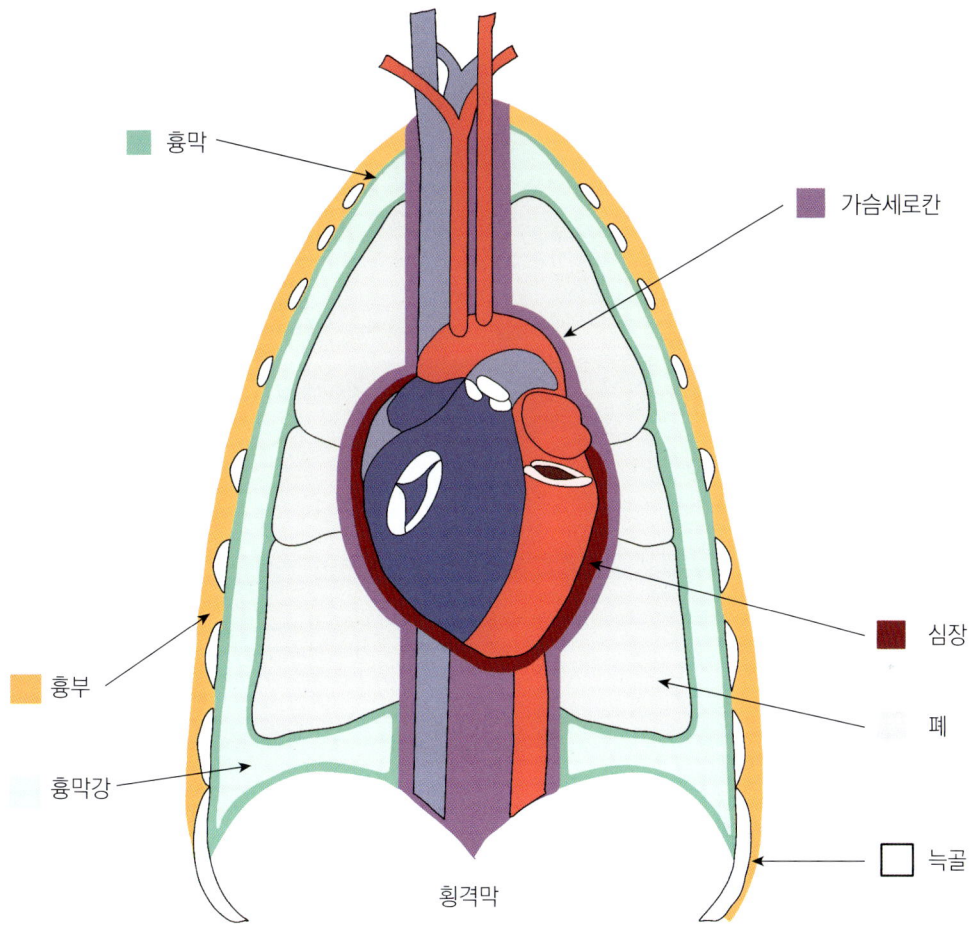

　흉강은 흉곽의 안쪽 공간을 말한다. 먼저 흉막은 흉강의 벽을 생성하여 흉강 안의 기관을 덮고 있다. 흉강의 가운데에 가슴세로칸이 존재하는데, 이는 흉강을 두 개의 공간으로 분리함과 동시에 심장이 위치하는 공간인 심장막안을 형성하게 된다. 가슴세로칸과 심장막안의 이중층의 막 사이에서 윤활 역할을 해주는 장액이 있어 심장의 자유로운 박동을 할 수 있도록 해준다.

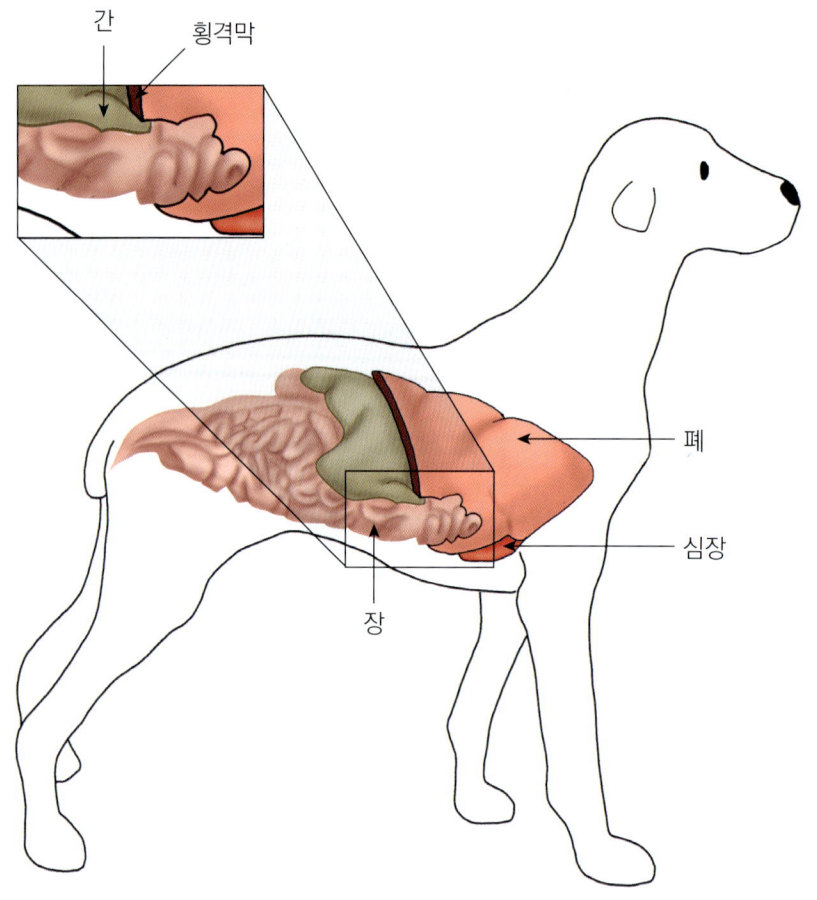

다음은 횡격막이다. 횡격막을 중심으로 앞부분은 흉강, 뒷부분은 복강으로 나뉘게 된다. 횡격막은 힘줄과 세 개의 얇은 근육으로 구성되어 있는데, 이는 요추부근, 늑골근, 흉골근이다. 요추부근은 3, 4번 요추의 양옆에, 늑골근은 8~13번 늑골에, 흉골근은 앞서 나왔던 칼돌기 연골에 부착된다. 횡격막은 숨을 들이쉴 때, 수축해서 평평해지면서 폐가 확장할 수 있는 공간을 제공해주고, 숨을 내쉴 때는 원래 위치로 돌아오면서 호흡에 있어 중요한 기능을 하는 기관이다.

그렇다면 횡격막은 왜 존재하고 흉강과 복강이 나뉘어 있는 이유는 무엇일까?

횡격막이 찢어지거나 파열되는 것을 횡격막 파열, 또는 횡격막 탈장이라고 부르는데, 이렇게 되면 복강 안에 있던 기관들이 흉강으로 흘러 들어가게 된다. 흉강으로 흘러들어온 복강의 기관들은 폐를 압박해서 폐가 완전히 팽창하는 것을 방해하고 호흡에 어려움을 느끼는 호흡곤란을 유발하게 된다. 또한 심장의 근육을 자극하거나 심장을 직접적으로 압박해서 비정상적인 심장박동을 유발할 수도 있다. 이처럼 흉강과 복강의 각 기관들이 제 기능을 방해받지 않고 분리된 위치에서 작동할 수 있도록 공간을 나눠주는 역할이 바로 횡격막의 주된 역할이라고 볼 수 있다.

 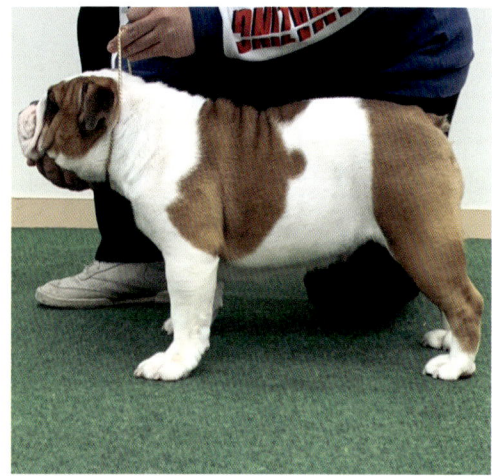

다음은 흉곽의 깊이에 따른 장단점에 대해 알아보자. 흉곽이 깊을수록 개의 폐가 확장할 수 있는 공간이 그만큼 늘어난다. 한 호흡에 더 많은 공기를 들일 수 있게 되며 더 깊은 호흡을 할 수 있다는 장점이 있지만, 위염전의 위험성이 커질 수 있다는 단점도 있다. 반대로 흉곽이 얕을수록 앞에서 본 개의 가슴이 납작해지는데, 이는 땅을 파거나 하는 등의 가슴의 힘을 쓰는 데는 장점이 있을 수 있지만, 흉곽이 깊은 경우와는 반대로 폐의 확장이 어려워 비교적 호흡에서 약점을 보일 수 있다.

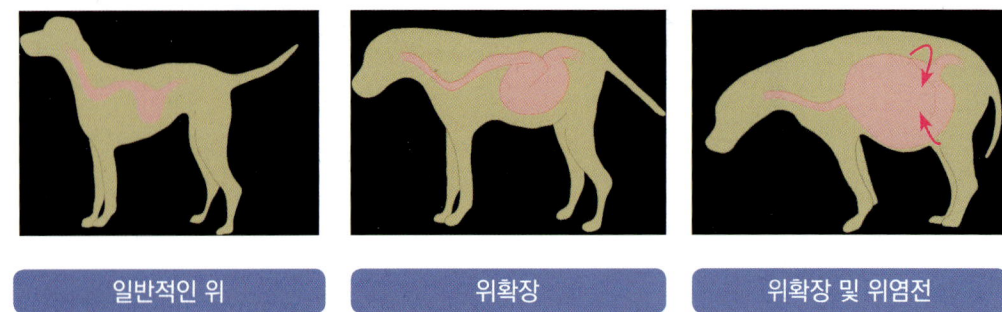

| 일반적인 위 | 위확장 | 위확장 및 위염전 |

가슴이 깊은 개체에서 위염전이 발생하기 쉽다. 가슴이 깊을수록 위가 팽창할 수 있는 공간이 넓어지고, 위가 복강 내에서 이동하거나 회전을 하면서 꼬이기 때문이다.

개가 과식을 하거나 급하게 먹게 되면, 위확장이 일어나게 된다. 위확장은 말 그대로 위가 커지는 증상인데, 과식, 혹은 급하게 먹는 과정에서 공기를 많이 흡입하게 되는데 이때, 위에 가스가 차게 되며 급격하게 위가 확장될 수 있는 것이다. 위확장이라는 것은 단순히 음식물로만 채워지는 것이 아닌, 가스로 차 있는 상태라고 생각하면 쉽다. 이렇게 가스로 위가 확장되어 있는 상태에서 급격한 운동이나 움직임이 있으면 위가 복강 내에서 움직이고 이러한 과정에서 위가 회전하고 꼬여서 위염전으로까지 이어지게 되는 것이다.

3 배

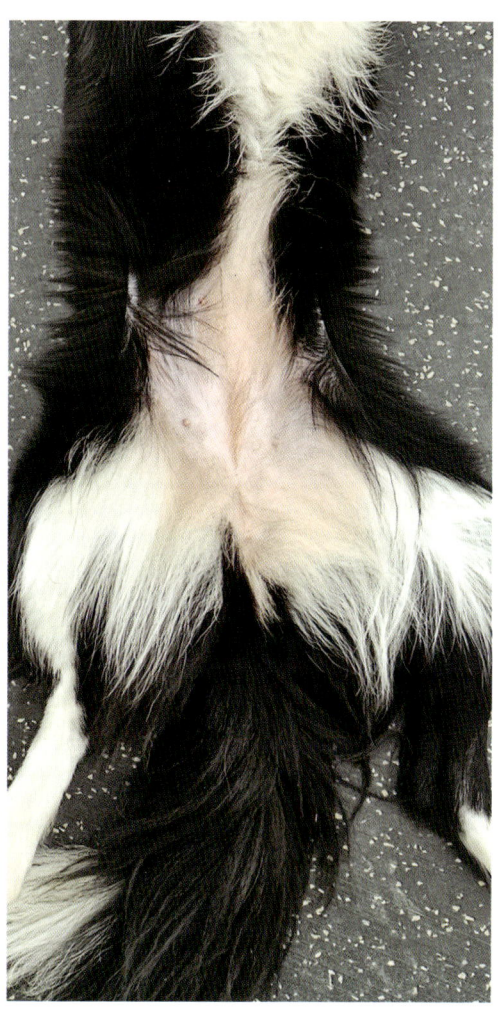

 먼저 배는 주요 소화기관을 비롯한 내장을 담고 있다. 그리고 배에 붙는 복근을 통해 몸을 굽히는 작용을 할 수 있는데, 개가 달릴 때 뒷다리를 앞으로 당기거나, 변을 보기 위해 몸을 굽히는 등의 운동을 할 때 배에 붙는 복근의 역할이 중요하다.

3.1 복강

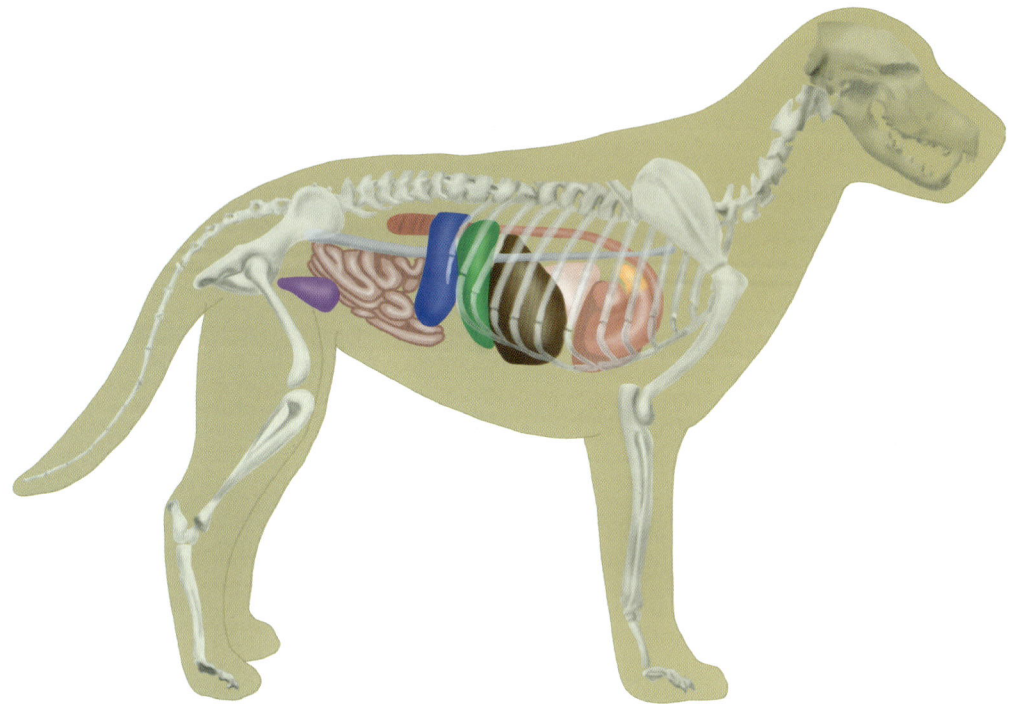

복강은 앞에서 나왔듯이 횡격막을 중심으로 뒷부분의 공간을 말한다. 복강은 흉강과 마찬가지로 복강에 막이 있어 안의 기관들을 감싸는 역할을 하는데, 복막은 두 가지로 나뉘게 된다. 복강의 벽을 덮고 있는 벽복막과, 실질적으로 내장을 덮고 있는 내장복막으로 나뉜다. 벽복막과 내장복막 사이에 밀폐된 공간이 형성되는데, 이 안에 복수라고 하는 윤활 작용을 도와주는 장액이 위치해서, 기관의 운동에 있어서 마찰 없이 운동할 수 있도록 도와주고, 외부의 충격으로부터 내장을 보호하는 역할도 한다. 내장복막은 주름진 형태로 내장기관을 분리하고, 내장복막에 내장기관을 부착해 많이 흔들리지 않도록 제자리에 위치시키는 역할을 한다.

3.2 육식동물과 초식동물의 소화기관

육식동물과 초식동물은 소화기관에서도 차이점이 발생하는데, 먼저 먹이를 먹는 입에서도 차이가 있다. 초식동물은 입을 주로 먹는 용도로만 사용을 하지만, 육식동물의 경우 먹이를 사냥하고 투쟁을 해야 하기 때문에 좀 더 크게 벌릴 수 있는 입을 가지고 있다. 그리고 초식동물의 먹이가 되는 식물에는 셀룰로스라고 하는 일종의 포도당이 존재하는데, 육식동물과 달리 초식동물의 소화기관에는 셀룰로스를 분해할 수 있는 효소가 있기 때문에 식물을 먹이 삼을 수 있는 것이다.

또, 고기에 비해 풀이 소화가 더디기 때문에 초식동물은 육식동물에 비해 긴 장을 가지고 있고, 일부 초식동물은 식물성 먹이의 원활한 소화를 위해 '반추 작용'을 하기도 하는데 반추 작용이란, 한번 삼킨 음식물을 다시 입 안으로 토해서 되새김질하여 다시 삼키는 것을 말한다. 이런 동물들을 '반추동물'이라고 하고, 반추동물은 위가 4개의 방으로 구분된 '반추위' 구조를 가지게 되어 반추 작용을 통해 천천히 소화시킨다. 대표적으로 소, 사슴, 낙타와 같은 동물들이 이에 속한다.

초식동물은 위가 크고 많은 양의 음식 섭취로 에너지 효율을 냄으로 더 긴 장을 가지고 있다. 따라서 그만큼 배의 크기도 커져 초식동물이 육식동물에 비해 더 큰 배를 가지는 경향이 있다. 한 연구 결과에 따르면 비슷한 체구를 가진 육식동물과 초식동물을 비교했을 때, 배의 둘레가 2배 가량 크다는 결과가 있다. 반면, 위가 차지하는 비율은 육식동물이 더 큰데, 이는 초식동물은 비교적 먹이를 구하는 것이 쉽지만, 육식동물의 경우 사냥을 통해 먹이를 얻어야 하므로, 한 번에 많은 양의 먹이를 먹기 위함이다.

4 허 리

　다음은 허리이다. 먼저 허리의 역할, 기능에 대해 알아보자. 허리는 몸을 웅크렸다가 지면을 차면서 나아갈 때 무게를 버티면서 그 힘을 앞으로 전달해주고, 몸의 무게를 부담하는 역할을 한다. 또 요추의 움직임은 다른 척추에 비해 자유로워 몸의 움직임에 있어 유연성을 더해주는 중심이 된다.

4.1 요추

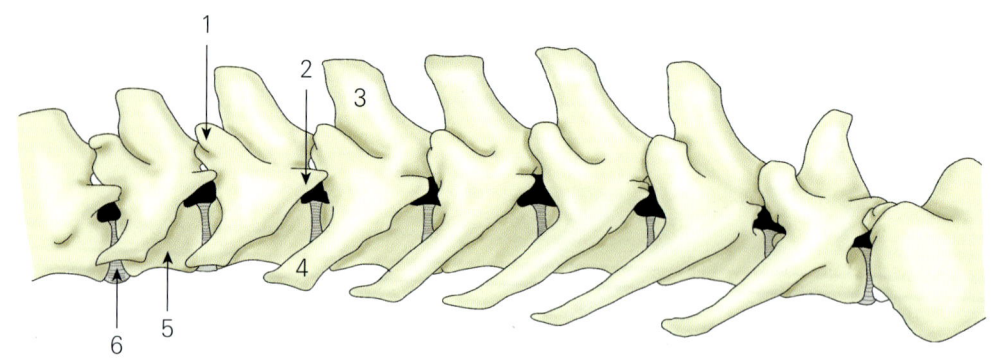

요추는 허리뼈라고 부르며 7개의 뼈로 구성되어 있다. 다른 척추들에 비해 몸통이 크고 가로돌기가 길다는 특징이 있다.

등 쪽	배 쪽
• 횡돌기극근(가로가시근육)	• 요방형근(허리네갈래근)
• 최장근(척추기립근)	• 소요근(작은허리근)
• 장늑근(측면 척추기립근)	• 장요근(엉덩허리근)

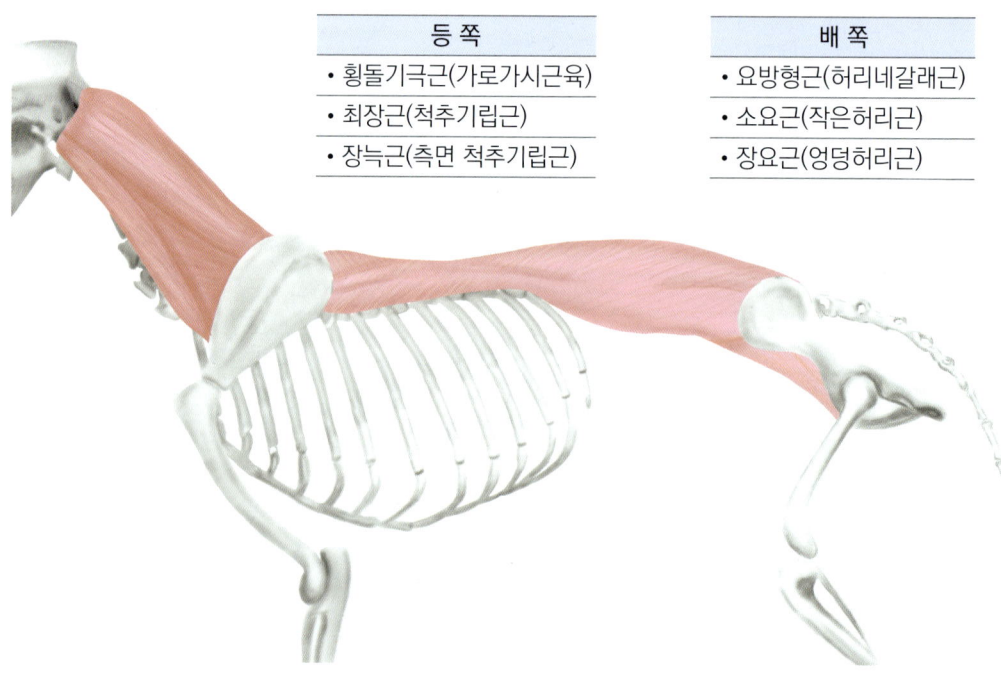

요추는 앞서 나왔듯이 몸을 웅크렸다 펴면서 나오는 힘을 앞으로 전달해주는 역할을 하고, 유연한 움직임을 위해 큰 근육들이 많이 부착한다. 그래서 충분한 근육 부착면을 확보하기 위해 몸통이 크고 가로돌기가 긴 척추의 형태를 보이는 것이다.

	흉추의 개수	요추의 개수
소	13	6
말	18	6
코끼리	20~21	3
양	13	6
늑대	13	7
호랑이	14	7
고양이	13	7
개	13	7

흉추와 요추에 대해 조금 더 알아보려고 한다. 기본적으로 흉추는 강성, 요추는 유연성을 개체에게 제공한다. 강성이라고 하는 것은 구조물이 하중을 받으면 모양이 변형되는데 이 변형에 대한 저항 정도를 말한다. 빠른 속도를 필요로 하는 육식동물은 허리의 유연성을 위해 초식동물에 비해 요추의 수가 많은 경향이 있다. 요추의 수가 많아질수록 요추의 운동성에 장점이 되는 것이다. 개체의 특성에 따라 흉추와 요추의 수가 다르기도 하다.

코끼리 같은 경우에는 무게가 많이 나가 몸이 견뎌야하는 하중이 크므로 흉추 20~21개 요추 3개를 가지고 있다. 무게가 워낙 많이 나가는 종이기 때문에 유연성보다는 강성에 초점을 둔, 무게를 견딜 수 있는 구조를 가지도록 척주가 구성되어 있는 것이다. 고양이과를 비롯한 대부분의 육식 동물들은 흉추 13개 요추 7개를 갖는 것이 일반적이다. 몸의 강성과 유연성을 동시에 잡은 구조라고 볼 수 있다.

5 탑라인

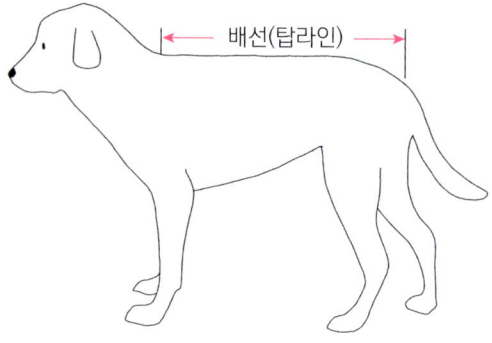

다음은 탑라인에 대해서 알아보자. 탑라인은 어깨에서 등, 허리를 지나 미근부까지 이루는 등선을 말한다. 탑라인이 잘 형성되어 있어야 보행에 있어 유리하다.

먼저 직선의 탑라인이다. 레벨백이라고도 부르고 대부분의 견종이 표준으로 갖는 등선이다. 개가 일관된 속도로 효율적으로 움직일 수 있다. 이를 스프링을 예로 들어 설명하면 이해하기 쉬운데, 이 직선의 탑라인은 휘어지지 않고 꼿꼿한 스프링과 같다. 스프링을 구부렸다가 폈을 때 원래 모양으로 돌아가듯이, 개가 질주할 때, 몸을 웅크렸다가 폈을 때, 척추가 일자가 되어 그 힘을 온전히 앞으로 발산할 수 있는 것이다. 반대로 약간 구부러진 스프링을 구부렸다가 펴도 구부러진 모양으로 돌아가는 것처럼, 힘의 전달이 직선의 탑라인에 비해 온전치 못할 것이다.

다음은 아치형 탑라인이다. 대다수의 사이트하운드가 가지는 탑라인, 즉 달리기에 유리한 탑라인인 것이다. 흉추가 직선으로 뻗다가 요추가 살짝 구부정하게 형성되어 이런 허리의 유연성을 이용해서 개가 질주할 때 뒷다리를 보다 앞쪽으로 뻗어 더 큰 보폭을 만들어낼 수 있다.

　다음은 슬로프, 경사진 탑라인이며 저먼 셰퍼드에서 흔히 관찰할 수 있다. 과거 저먼 셰퍼드의 탑라인은 레벨 백에 가까운 모습이지만, 경사진 탑라인을 가진 개체를 위주로 교배되어 현재의 모습이 된 것이다. 탑라인이 경사지면 대퇴골이 앞쪽으로 뻗게 되어 무릎관절이 앞쪽으로 위치하게 되고 뒷다리가 지면을 차고 앞으로 나아가기 위한 기능이 향상되고 보폭이 커지게 된다. 이렇게 향상된 보폭을 통해 저먼 셰퍼드 특유의 저신활대 보행이 만들어지게 된다. 저신활대란 평상시 보행보다 **빠른** 속도의 속보(트로트)에서 힘을 들이지 않고 넓은 보폭을 만드는 저먼 셰퍼드 특유의 보행을 말한다.

CHAPTER

05

후 구

 후구 부위 근육
 골 반
 대퇴골
 슬개골
 경골과 비골
 뒷 발
 아킬레스건
 비 절
 대표 질환
 꼬 리

견체학

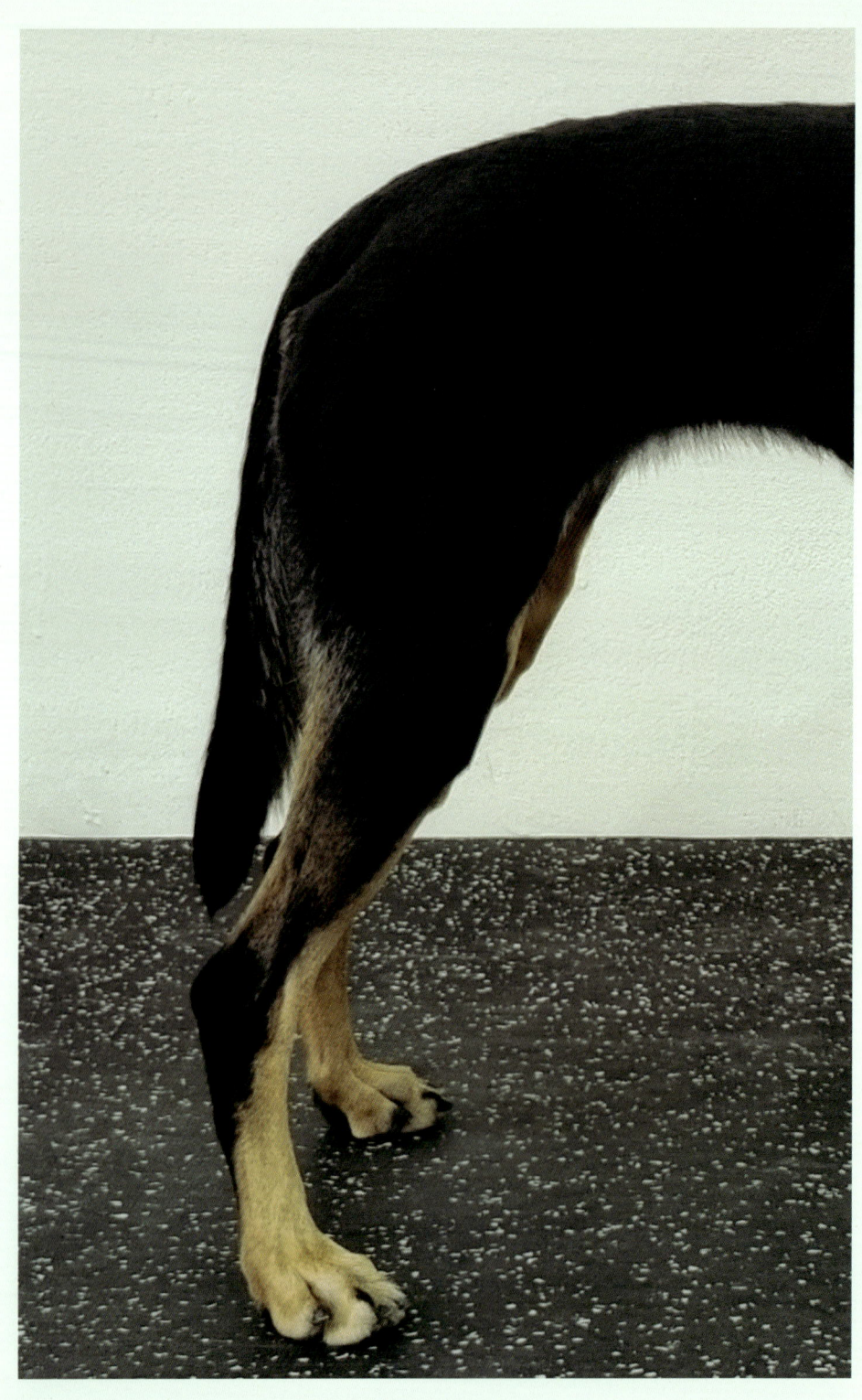

다음은 후구이다. 후구는 골반, 뒷다리, 꼬리를 포함한다. 각각의 기능과 구성에 대해 알아보자.

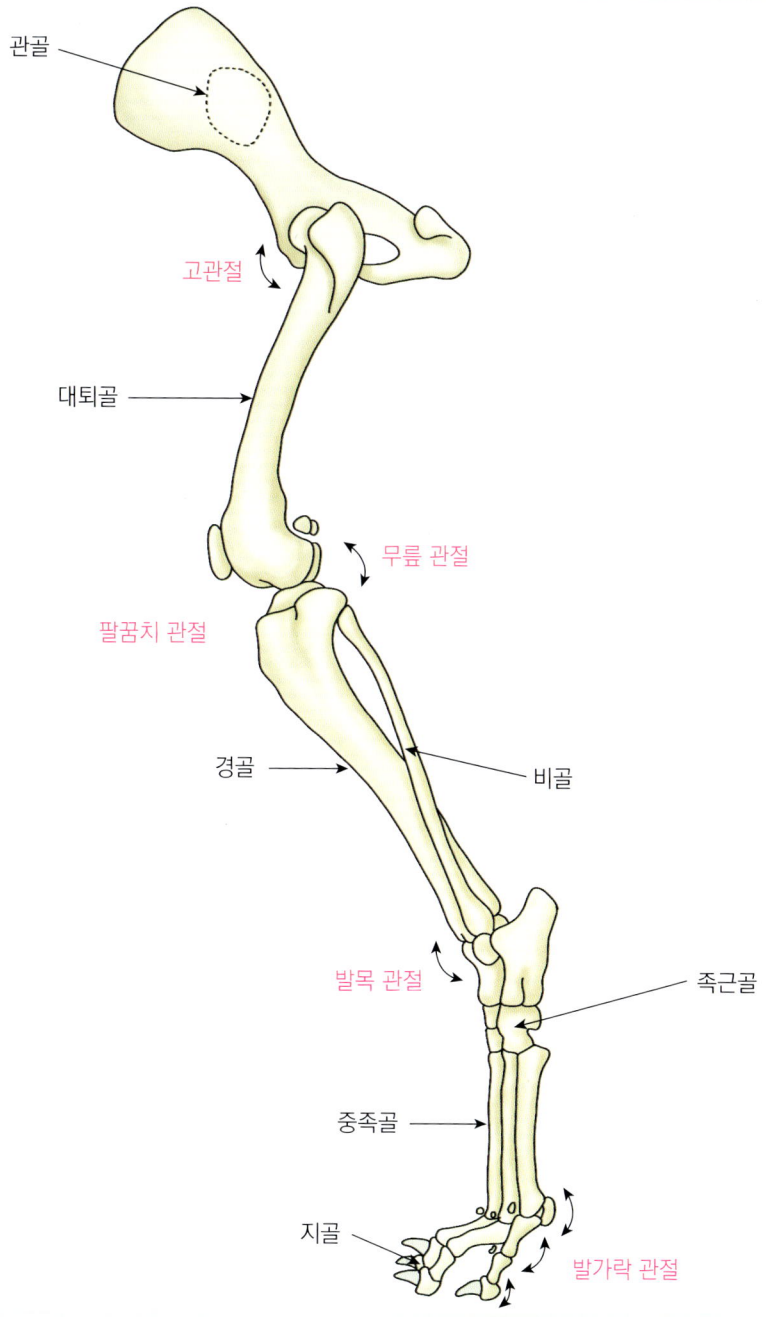

관골은 골반뼈를 말하며, 장골, 좌골, 치골이 결합된 형태로 존재한다. 좌골에는 뒷다리 추진력을 담당하는 근육의 부착면이 된다.

대퇴골은 대퇴부를 구성하는 긴 뼈로, 뒷다리 추진력을 담당하는 근육의 주된 부착면이 되는, 뒷다리 운동의 중심이 되는 뼈이다.

슬개골은 무릎뼈를 말하며 대퇴골과 경골에 인대로 부착되어 활차구에 위치한다. 도르래와 같은 역할을 통해 무릎관절의 움직임이 더 수월하도록 하는 역할을 한다.

경골과 비골은 하퇴부를 구성하는 뼈로, 대퇴골과 인접하여 뒷다리 추진력을 방출하는데 중요한 역할을 한다. 무릎관절과 발목관절을 움직이는데 있어 필요한 근육과 인대의 부착면이 된다.

뒷발뼈는 족근골, 중족골, 지골로 구성되어 있다.

1 후구 부위 근육

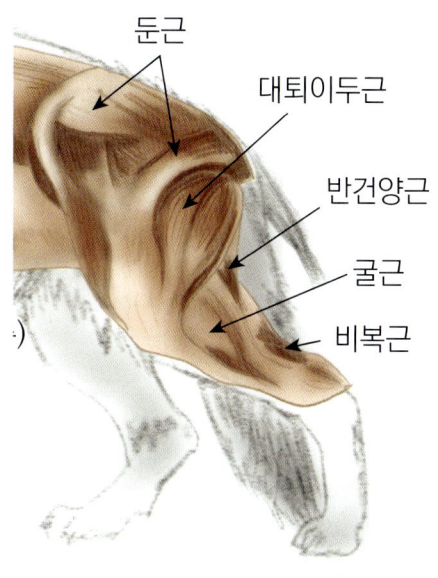

후구의 부위근육은 둔근, 대퇴이두근, 대퇴사두근, 내전근, 햄스트링 등이 있다.

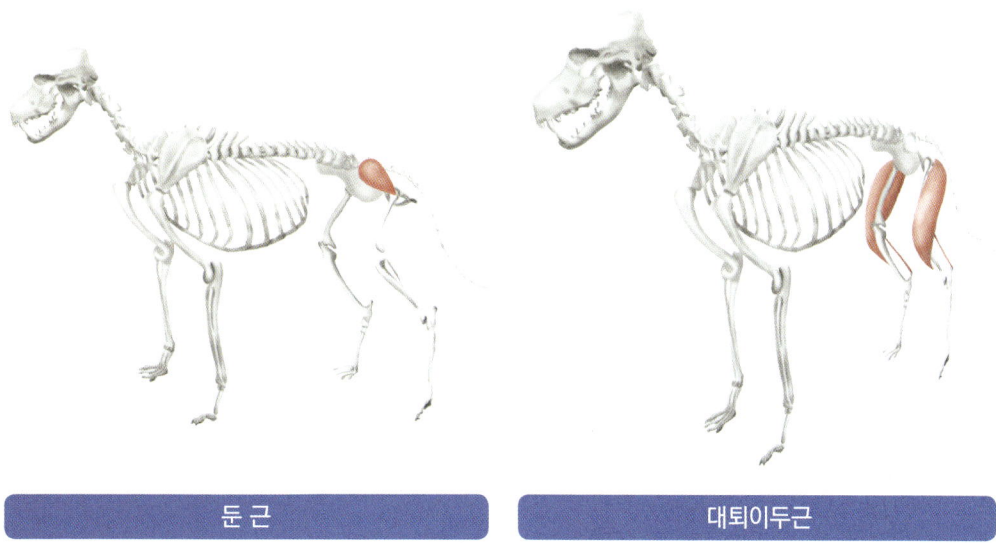

| 둔 근 | 대퇴이두근 |

둔근은 고관절을 펴고 대퇴부를 바깥쪽으로 벌리고 회전하는 역할을 한다. 수캐가 마킹할 때 한쪽 다리를 드는 경우, 이 근육을 사용하는 대표적인 예시가 될 수 있다.

햄스트링은 뒷다리 전체를 뒤로 당겨주는 세 개의 근육의 집합이다. 반힘줄근, 반막근, 대퇴이두근이 이에 해당된다. 대퇴이두근은 무릎관절을 굽히며 발꿈치 관절을 굽히거나 펴는 역할을 한다.

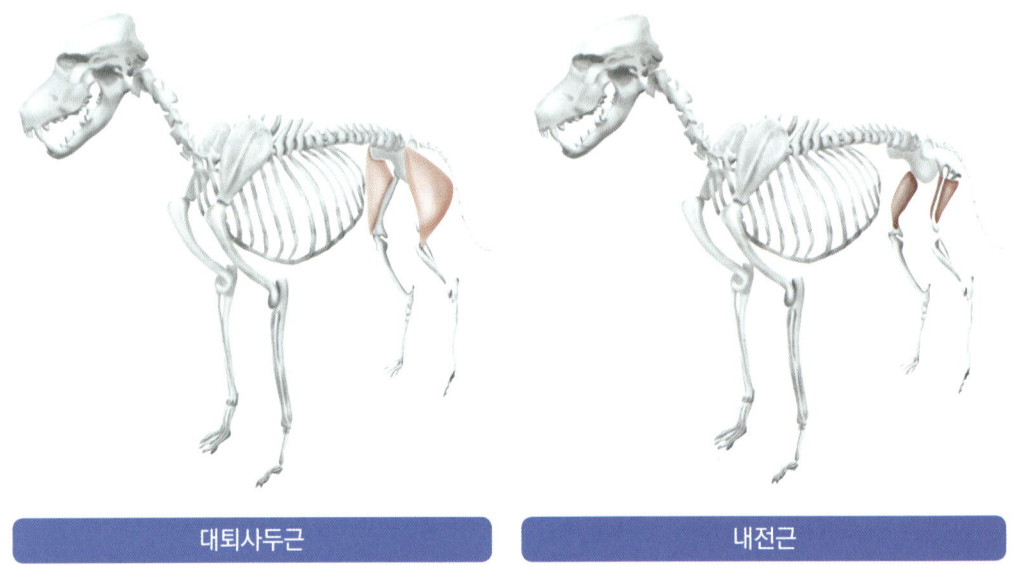

| 대퇴사두근 | 내전근 |

대퇴사두근은 대퇴이두근과 반대로 무릎관절을 펴는 역할을 한다. 내전근은 뒷다리를 몸통 쪽에 붙여 고정하는 역할을 한다.

2 골반

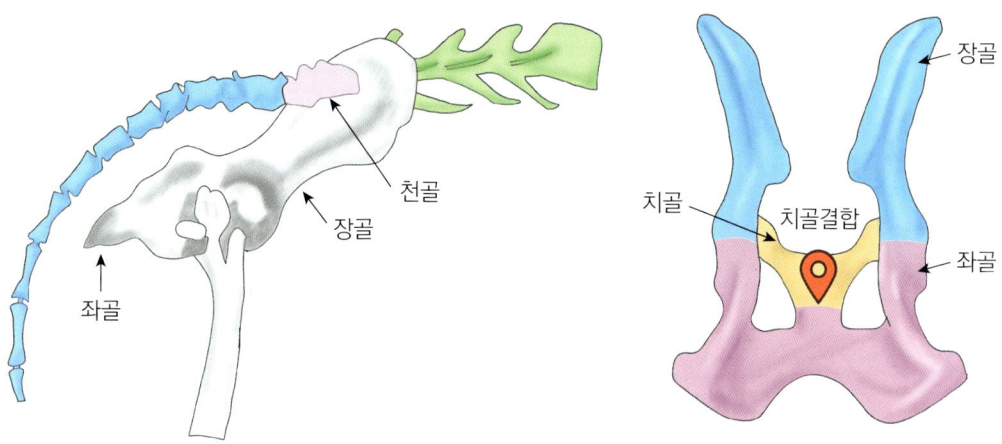

 먼저 골반에 대해 알아보도록 하자. 천골은 요추와 미추 사이에 위치하고 있는 뼈로, 엉치뼈라고도 부른다. 몸통과 뒷다리와 꼬리를 연결해주는 역할을 한다.

 골반뼈를 관골이라고 하는데, 관골은 장골, 좌골, 치골로 이루어져 있다. 한 쌍의 관골이 치골결합을 통해 붙어 있는 형태로 존재하게 된다.

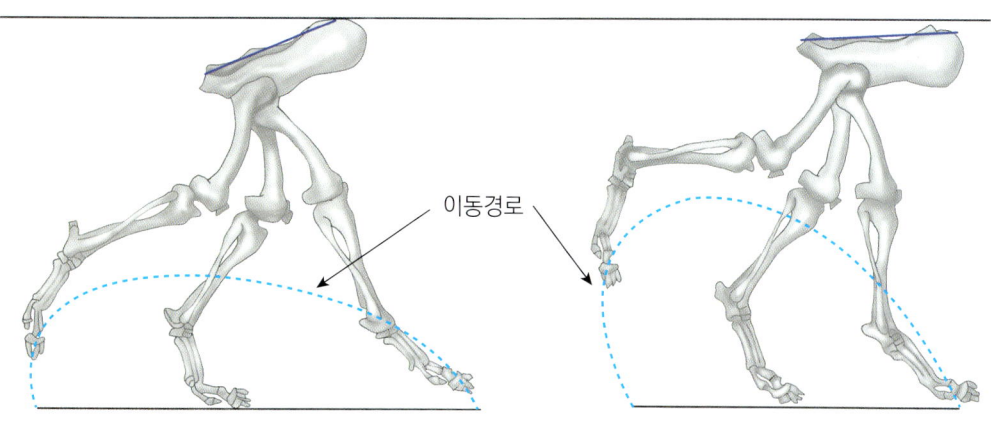

장골은 엉덩뼈라고도 부르고 천골과 단단한 관절을 이루고 있다. 탑라인을 따라 지면과 수평인 선을 그었을 때 그 선과 장골이 이루는 각도에 따라 뒷다리의 움직임에 차이가 생기는데, 장골의 각도가 지나치게 크면 관절에 무리가 심하고, 뒷다리를 뒤로 충분히 뻗기가 힘들다. 그래서 지면을 차고 나가는 힘의 손실이 생겨 추진력에 있어 단점을 보인다. 장골의 각도가 지나치게 작은 경우 차고 나가는 힘의 전달이 원활하게 되지 않고 위쪽으로 분산된다. 오른쪽 사진이 각도가 지나치게 작은 경우를 보여주는 극단적인 예시이다.

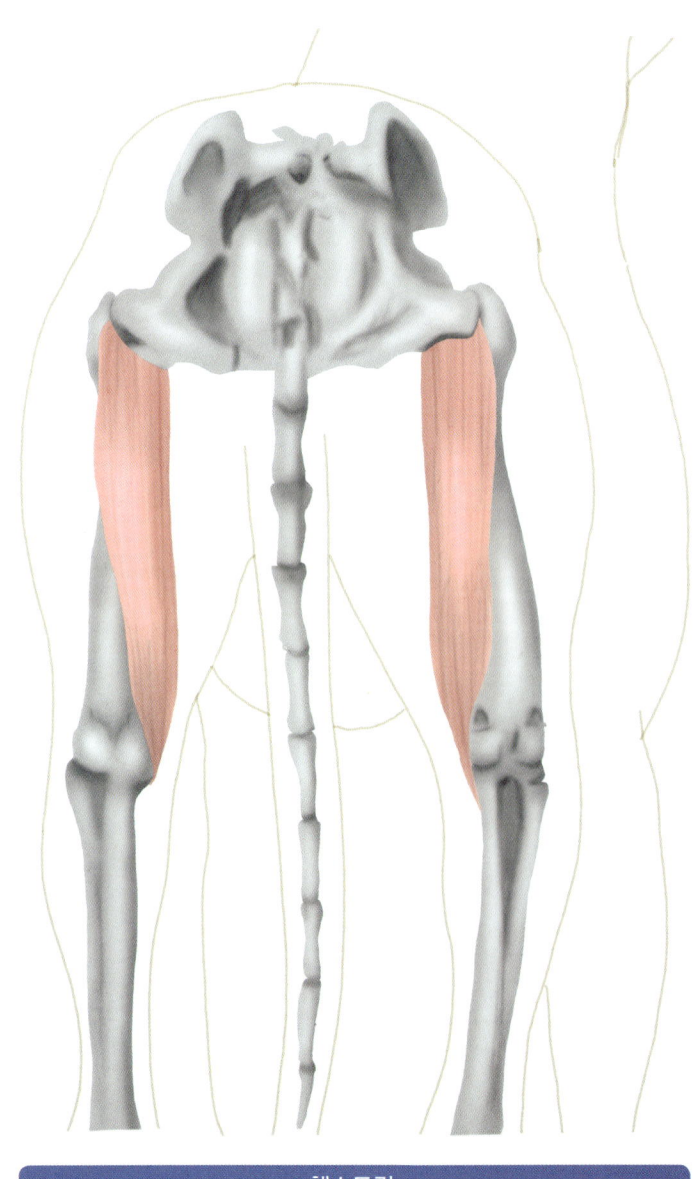

햄스트링

다음으로 좌골은 궁둥뼈라고 부르고 치골은 두덩뼈라고 부른다. 좌골은 대퇴부와 인접해 있기 때문에 뒷다리의 운동에 있어 큰 영향을 미치고, 뒷다리 근육의 부착면을 제공한다. 좌골의 길이가 길수록 근육이 더 많이 붙어서 뒷다리의 추진력에 있어 더 큰 힘을 낼 수 있다.

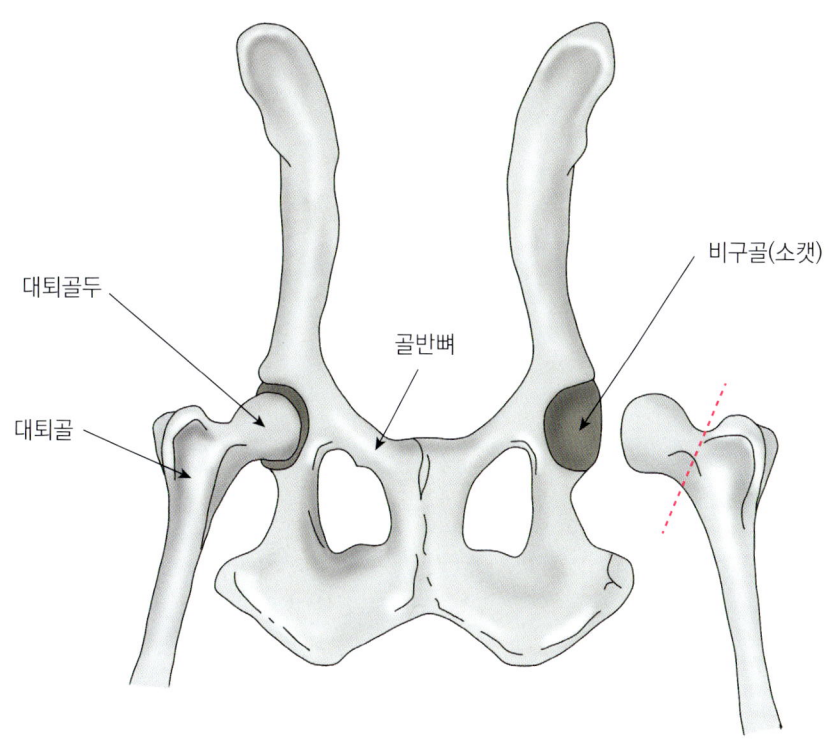

치골결합의 양쪽에 큰 구멍은 폐쇄구멍이라고 부르며, 뼈의 무게를 줄여주고 이 구멍 사이를 통해 골반뼈 위아래에 위치한 근육을 고정하는 많은 인대가 위치하는 공간이 된다. 만약 골반뼈가 폐쇄구멍이 없이 밋밋한 모양을 하고 있다면, 골반뼈의 위아래에 위치한 근육들이 밋밋한 표면에 부착되고, 뒷다리의 움직임에 있어 안정성이 떨어지게 될 수 있다. 뒷다리는 질주에 있어서 지면을 차며 실질적인 힘을 발휘해야 하기 때문에 단단하게 근육과 인대가 골반에 부착되어 있어야 한다.

이어서 설명하자면 장골, 좌골, 치골이 모여 비구골을 형성하게 되는데, 이 부분과 대퇴골의 머리 부분이 만나 고관절을 형성하게 된다. 대퇴골은 고관절의 원인대에 의해 연결되어 있다.

3 대퇴골

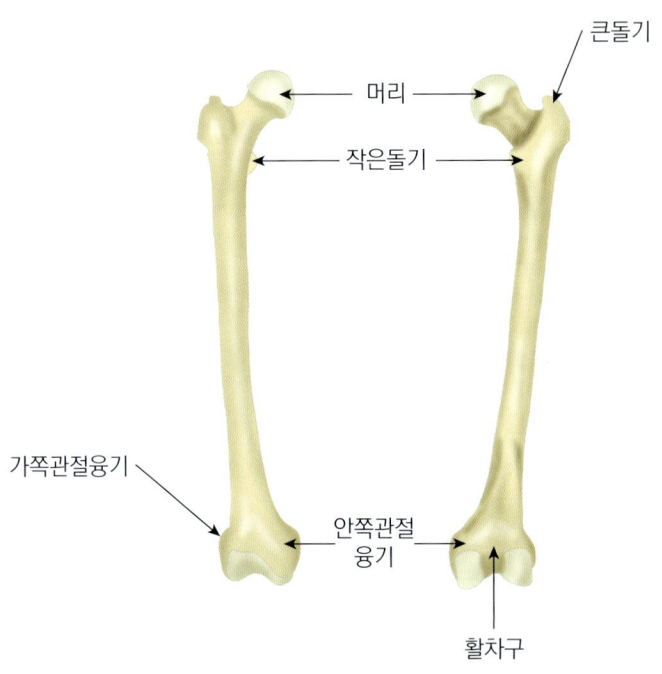

대퇴골은 대퇴부를 구성하는 긴 뼈로, 머리 부분이 고관절과 관절하게 된다. 머리부분의 큰돌기와 작은돌기가 근육의 부착면을 제공해준다. 아래쪽으로는 관절융기가 있어서 경골과 함께 무릎관절을 형성하고 두 융기 사이에 활차구가 존재하는데, 이곳에 슬개골이 위치하게 된다.

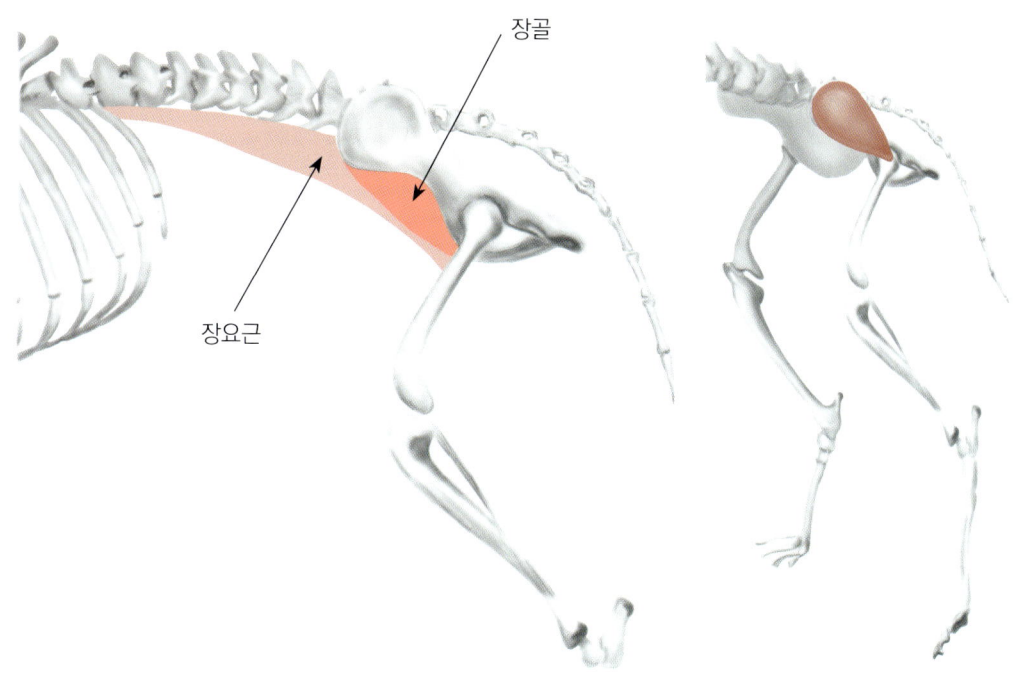

 큰돌기와 작은돌기에 근육이 부착한다고 했는데 이에 대해 좀 더 자세히 알아보도록 하자. 큰돌기에는 둔부 힘줄을 통해 둔근이 연결되어 있는데, 고관절을 움직여 뒷다리를 뒤로 당기고, 서 있을 때 골반의 수평을 유지하는 것을 도와준다. 그리고 작은돌기에는 장요근이 힘줄로 연결되어 있는데, 이는 고관절을 굽히고 역회전을 도와주며 뒷다리를 앞으로 가져오는 것을 도와준다. 서로 상반되는 기능을 가진 근육이다. 뒷다리를 차고 나갈 때 둔근이 작용하고, 장요근이 저항한다. 뒷다리를 차고 앞으로 당겨올 때 장요근이 작용하고 둔근이 저항한다.

3.1 대퇴골의 길이에 따른 차이

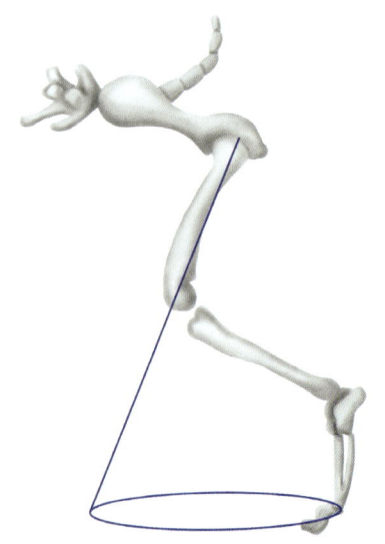 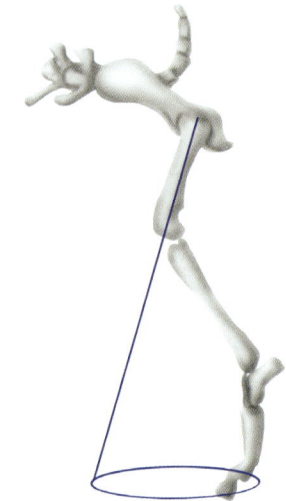

 다음은 대퇴골의 길이에 따른 차이점에 대해 알아보자. 대퇴골이 길어질수록 대퇴부와 하퇴부가 이루는 각이 작아져 더 깊은 무릎관절을 가지게 된다. 이는 무릎관절의 움직임이 유연해진다는 것을 의미하는데, 짐을 끄는 시베리안 허스키, 달리기를 하는 그레이 하운드 등과 같이 추진력과 속도 등 뒷다리의 힘을 발산하는데 유리한 구조를 가지게 된다. 반대로 대퇴골이 짧아질수록 대퇴부와 하퇴부가 이루는 각이 커지며 뒷다리가 서는 형태를 가지게 되어 뒷다리 움직임에 있어 제한적이다. 뒷다리를 충분히 앞으로 뻗지 못해 평상시 보행이나 질주에 있어서 보폭이 줄어들고 큰 추진력을 내기에 불리하다. 또한 보행에 있어 엉덩이가 위로 뜨는 모습을 보이기도 하는데, 이는 허리와 등에 무리가 될 수 있고 그 말은 즉, 뒷다리의 추진력을 허리가 받아서 앞으로 방출하기에 불리하다는 것을 의미한다.

4 슬개골

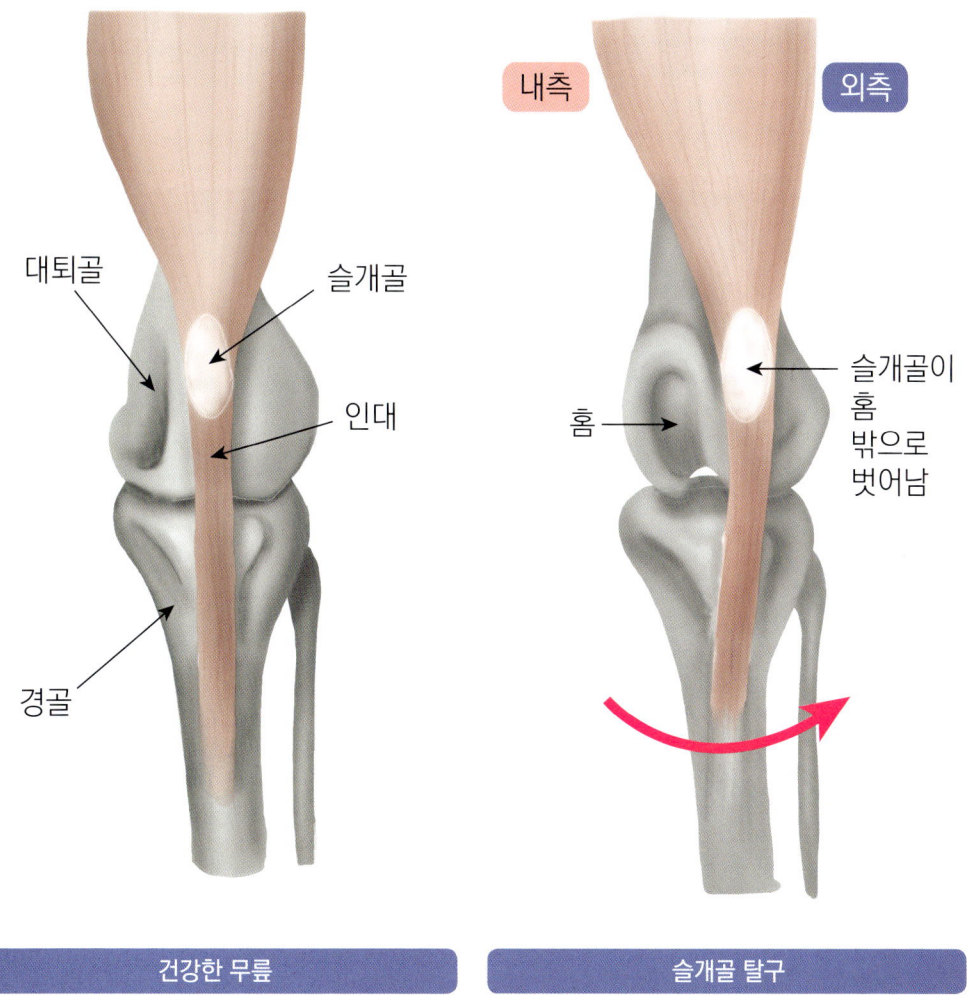

건강한 무릎 | 슬개골 탈구

다음은 슬개골이다. 슬개골은 활차구에 슬개 인대로 고정되어 있다. 슬개 인대는, 대퇴네 갈래근을 경골에 부착하는 것을 도와주며, 허벅지 근육이 수축하여 경골을 펴고, 이때 슬개골이 활차구에서 위 아래로 미끄러지듯이 움직인다. 무릎관절이 마치 도르래의 역할을 해서 좀 더 수월하게 움직일 수 있게 해준다.

5 경골과 비골

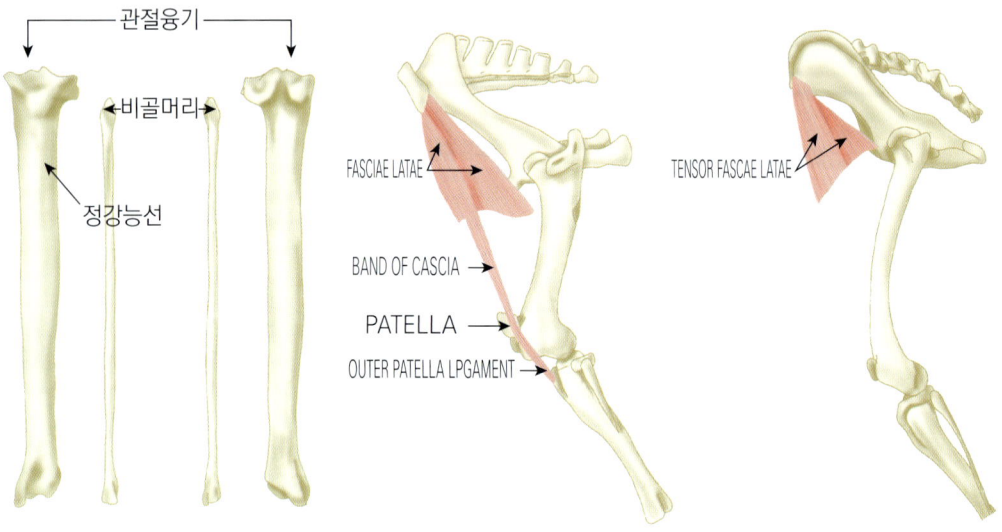

다음은 하퇴부를 구성하는 뼈에 대해 알아보자. 경골과 비골은 하퇴부를 구성하는 두 개의 뼈이다. 무게를 지탱하고 근육의 부착면을 제공하는 뼈인데, 사실상 무게를 지탱하고 기능하는 뼈는 경골이다. 그래서 경골과 비골의 크기를 비교했을 때 경골이 더 큰 것을 관찰할 수 있다. 경골에 융기되어 있는 구조인 정강능선이 있어서 대퇴네갈래근의 부착면이 된다. 대퇴네갈래근은 대퇴부의 앞부분에 존재하는 큰 근육으로, 네 갈래로 이루어진 근육이다. 이 근육의 힘줄이 바로 경골에 닿아 수축하면서 무릎관절을 펼 수 있게 된다.

경골은 체중 지탱에 기여하는 뼈지만, 비골은 체중 지탱에 거의 기여 하지 않는다. 하지만 비골은 무릎관절과 발목관절을 움직이는데 있어 필요한 근육과 측부인대의 부착면이 된다. 비골과 비골의 측부인대로 인해 발목에 안정성을 더할 수 있다.

6 뒷발

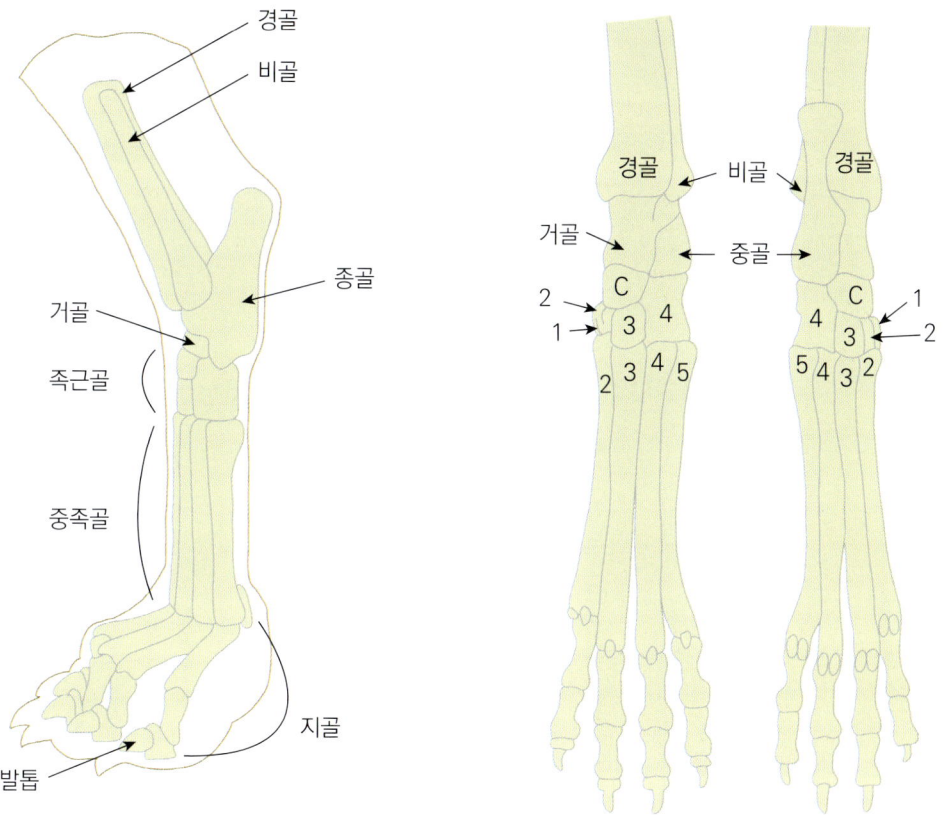

　다음은 뒷발의 뼈에 대해서 알아보도록 하자. 먼저 족근골은 뒷발목뼈라고 부르며, 7개의 짧은 뼈로 3줄로 정렬되어 있다. 거골과 종골이 맨 위에 한 줄을 구성하고 각각 경골, 비골과 관절한다. 특히 뒷발꿈치뼈, 종골에는 뒷다리를 뒤로 당길 때 작용하는 인대의 부착면이 된다. 중족골은 뒷발허리뼈라고 부르고 중수골과 비슷한 구성을 하고 있다. 네 개의 작은 뼈로 구성되어 있고, 위쪽으로는 족근골과, 아래쪽으로는 지골과 관절을 하게 된다. 일부 개체에서는 작은 중족골, 또는 며느리발톱 구조가 발견되기도 한다.

7 아킬레스건

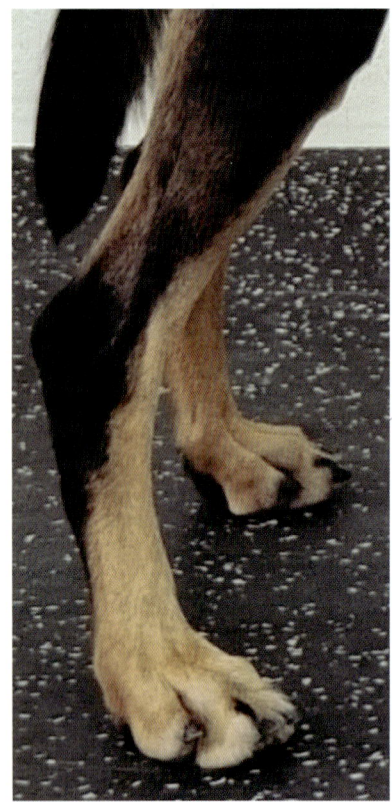
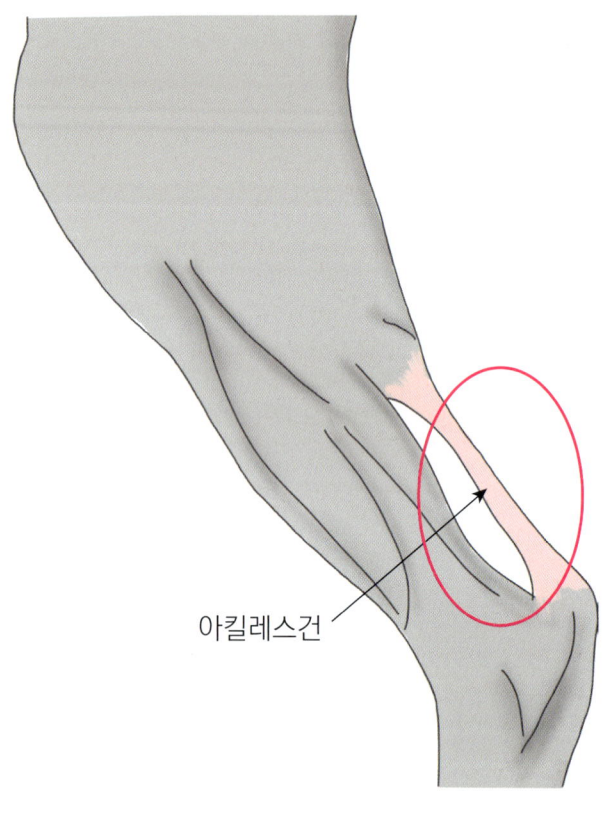

아킬레스건

　아킬레스건은 발뒤꿈치와 이어지는 대퇴이두근, 장딴지근, 반힘줄근 등 5개의 근육에서 나온 힘줄의 집합으로, 보행 시 앞으로 나가는 힘을 전달하고 추진력을 부여하는 부위이다. 아킬레스건이 없다면 발뒤꿈치와 종아리근육의 연결이 끊어져서 달리기는 물론 제대로 서 있기 조차 불가능하다. 아킬레스건에 대해 조금 더 알아보자.

　아킬레스건은 후구의 체중 부하가 많은 힘줄로 길고 튼튼해야 체중 부하는 물론 달리는 속도에서 이점을 보일 수 있다. 그 이유는 달리는 속도가 빨라지려면 지면을 차는 힘이 커야 한다. 아킬레스건은 발이 지면에 닿으며 늘어났다가 발이 지면에서 떨어짐과 동시에 원 상태로 돌아가는 마치 고무줄과 같은 신축성을 가지고 있기 때문에 그만큼 뒷다리 추진력에 중요한 부위라고 볼 수 있다. 지면에 닿는 에너지를 흡수해서 바로 방출해내기에 적합한 성질인 것이다. 더불어 신축의 빠른 반복이 가능하기 때문에 아킬레스건이 길고 단단할수록 더 많이 늘어나고 탄성에너지를 저장시켜 지면과 닿았을 때, 보다 큰 힘을 발휘할 수 있는 것이다. 실제로 세상에서 가장 빠른 사나이라고 불리는 우사인볼트의 아킬레스건은 매우 긴 것을 볼 수 있고, 빠른 견종의 대표주자라고 볼 수 있는 그레이하운드도 긴 아킬레스건을 가지고 있는 것을 볼 수 있다.

8 비절

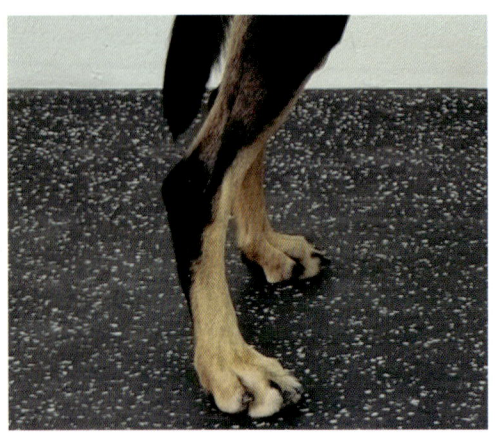

다음은 비절이다. 비절은 하퇴부와 발목이 만나는 지점에 튀어나와 있는 부분을 말하며, 뒤꿈치라고 생각하면 좋을 것 같다. 사람과 달리 개는 발가락으로 서 있는데, 이렇게 발가락으로 서서 보행하는 '지행'을 함으로써 무게중심이 앞으로 쏠려 더 빨리 달릴 수 있는 것이다. 육상선수가 준비 자세에서 발뒤꿈치를 위로 세워 대기하다가 튀어나가는 것을 생각하면 좋을 것 같다.

지면에서부터 비절까지의 높이에 따라 움직임에도 차이가 생기게 되는데, 비절이 높을수록 그만큼 다리의 길이가 길어진다는 것을 의미하기 때문에 보폭이 커진다. 하지만 보폭이 커지는 만큼 움직이는 가동범위 또한 넓어져 힘의 소모가 심해서 장거리의 이동에는 불리할 수 있다. 또 비절이 너무 과하게 높게 형성되면, 무게중심이 높아 비절이 흔들릴 수 있고, 지면까지의 거리가 길어 힘이 분산될 수 있다.

반대로 비절이 낮을수록 보폭은 줄어들지만 가동범위가 좁아 힘을 아낄 수 있어 장거리에 유리하다. 또 무게중심이 낮아 안정적이고 힘의 전달이 보다 원활하게 이루어질 수 있다.

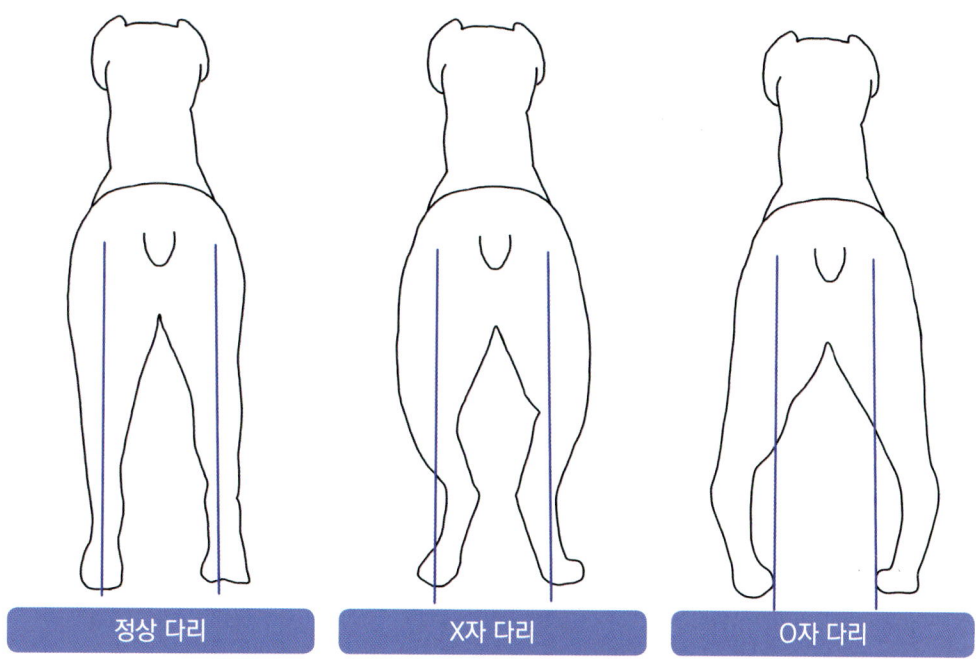

뒷다리 모양에 대해 좀 더 알아보자. X자 상의 다리는 발뒤꿈치가 바깥쪽으로 돌아가 있어서 뒷다리를 차고 앞으로 나가는데 있어 힘을 온전히 전달할 수 없다. 또 관절이 뒤틀려 관절에 악영향을 미쳐 관절염에 노출되기 쉽고, 심한 경우에는 비절끼리 부딪히는 문제가 발생할 수 있다.

O자 상의 다리도 마찬가지로 관절에 무리가 가서 관절염에 노출이 되기 쉽고, 역시 제대로 걷기 힘들고 힘의 효율이 떨어지게 된다. X자, O자 모양의 다리를 하고 있는 경우에는 슬개골 탈구가 발생할 가능성이 높아진다.

9 대표 질환

🐾 슬개골 탈구

| 정상적인 무릎 | 내측탈구 | 외측탈구 |

(대퇴골, 슬개골, 인대, 경골 / 내측, 외측)

　슬개골 탈구는 슬개골이 대퇴부와 하퇴부를 잇는 중간의 활차구에서 벗어나는 질환이다. 슬개골 탈구는 외부의 충격에 의해 발생되는 경우도 간혹 있으나, 대부분 유전적인 원인으로 얕은 활차구를 가지고 태어나는 개체들에서 자주 보인다. 특히 소형견의 경우 이런 얕은 활차구를 가진 개체가 많다. 슬개골 탈구의 80%가 내측탈구, 즉 슬개골이 다리의 안쪽으로 탈구가 되는 것이다. 구루병과 같은 뼈에 문제가 생기면 다리뼈의 모양에 변형이 있을 수 있는데, 이렇게 뒷다리 뼈의 모양이 변형됨에 따라 슬개골 탈구의 발병 가능성이 높아지기도 한다. O자 상의 다리를 갖게 되면 대퇴부와 하퇴부가 이루는 선이 O자로 이루어지기 때문에 인대가 대퇴골와 활차구를 지나 경골에 닿기까지 직선이 되지 못하기 때문에 안쪽으로 슬개골이 탈구될 확률이 높아지게 되고, 반대로 X자 상의 다리를 갖게 되면 대퇴부와 하퇴부가 이루는 선이 X자로 이루어지기 때문에 인대가 대퇴골에서부터 활차구를 지나 경골에 닿기까지 역시 직선이 될 수 없어 바깥쪽으로 탈구될 확률이 높아지게 되는 것이다. 심하지 않은 경우에는 무릎관절 주변 근육의 강화로 관절의 안정성을 보조하거나, 심한 경우 활차구를 조금 더 깊게 파서 슬개골이 활차구에서 이탈하지 않도록 하는 수술을 할 수 있다.

🐾 고관절 이형성증

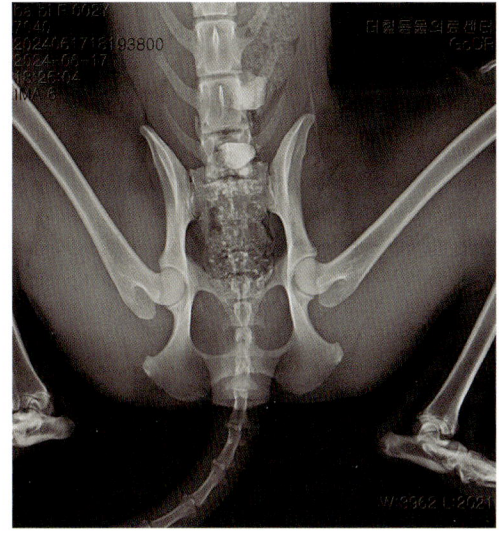

정 상

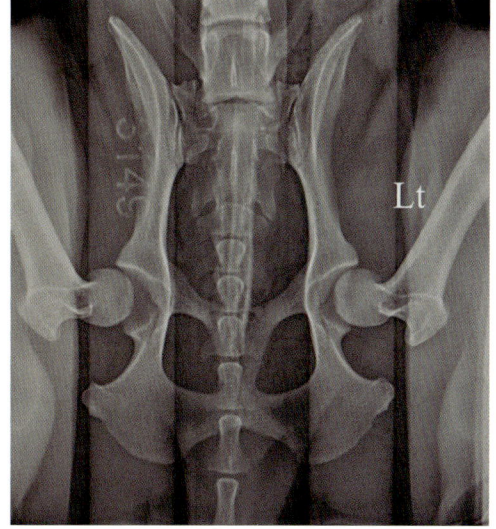

고관절 이형성증

　주로 대형견종에서 발현되는 질환으로 발현되는 원인은 다양하다. 골든 리트리버, 저먼 셰퍼드, 세인트버나드 등의 품종에서는 유전적인 요인으로 발현되는 경우가 있고, 성장기의 개에게서 비정상적으로 발현되는 경우도 있다. 고관절 이형성증은 비정상적인 보행을 동반하기 때문에 사지의 다른 관절에도 악영향을 미쳐 2차적인 관절염을 불러오기도 한다. 재활 운동으로 근육량을 늘려 관절의 안정성을 보조하거나 체중 관리를 통해 관절의 체중 부하를 줄여줄 수 있다. 체중 관리는 식이조절과 운동을 병행하는데, 운동은 수영이나 수중 런닝과 같은 관절의 부하가 적은 운동부터 상태를 관찰하며 시간이나 강도를 올려주는 것이 좋다.

10 꼬리

다음은 꼬리이다. 먼저 꼬리의 역할에 대해 알아볼텐데, 꼬리는 걷거나 달릴 때 무게중심을 잡아주고, 의사소통의 역할을 한다. 단적인 예로 단미를 한 개체의 경우 꼬리를 이용한 의사소통에 문제가 생겨 다른 개체와의 싸움이 잦아지기도 한다. 겁을 먹거나 두려움을 느낄 때 꼬리를 자연스럽게 가랑이 사이로 말아 넣어 생식기와 항문을 보호하는데 사용하기도 한다.

꼬리는 개가 달리거나 급하게 회전을 할 때, 중심을 잡아주는 역할도 하게 되는데, 몸이 회전하는 방향과 같은 방향으로 꼬리가 휨으로써 균형을 잡는 일종의 균형추와 같은 역할을 하게 된다.

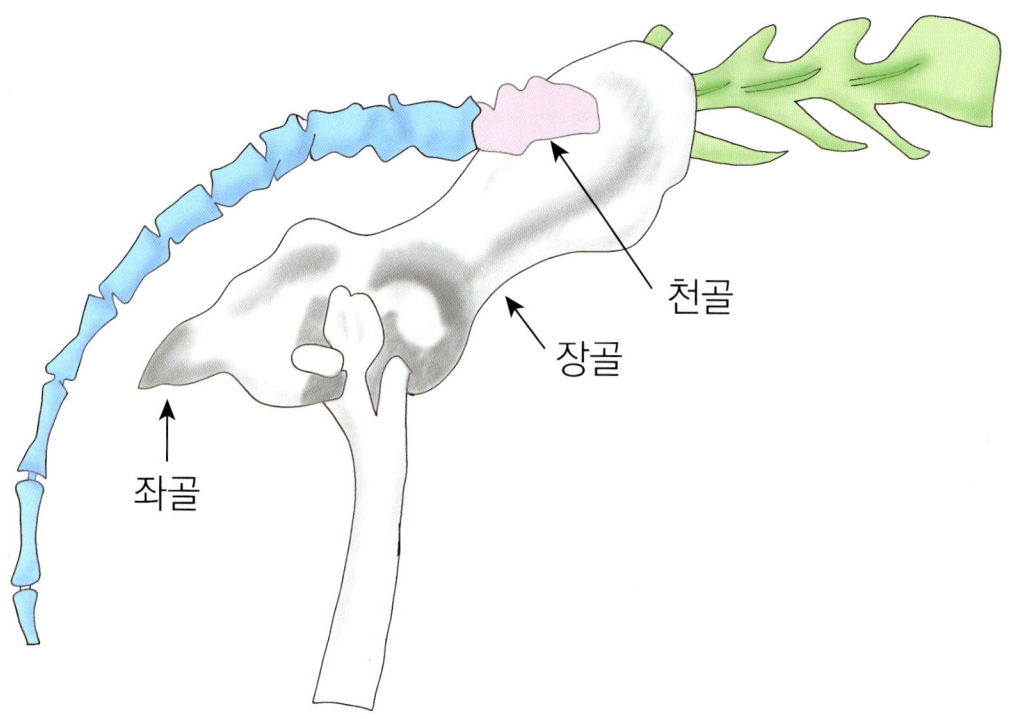

미추는 꼬리뼈라고도 부르며 견종, 개체마다 그 수가 다르다. 1~3번 미추의 경우 천골에 고정되어 있어 실질적으로 움직일 수 있는 건 4번 미추부터이고, 1~4번 미추는 돌기가 있어서 미근부의 근육이 붙어 꼬리를 움직일 수 있게 해준다.

10.1 꼬리의 형태

다음은 꼬리의 형태에 대해서 알아보자. 꼬리는 다른 신체 부위들과 마찬가지로 초기에 사육된 목적이나 환경에 따라 변화가 생겨 지금의 모양에 이르게 된 것이다.

캐럿테일

스냅테일

먼저 캐럿 테일이다. 미근부가 두껍고 미근부에서 멀어질수록 점점 얇아지는, 말 그대로 당근 모양의 꼬리이다. 주로 테리어 종에서 보이는데, 쥐나 토끼 같은 소동물을 사냥하기 위해 굴로 들어갔다가 뒷걸음질 쳐서 나오기 어렵기에, 사냥꾼이 꼬리를 잡아 끌어 꺼낼 수 있도록 꼬리 모양이 형성된 것이다.

다음으로 스냅 테일은 털이 풍성하고 팽팽하게 말려 있는 꼬리이다. 주로 북반구에서 파생된 견종에서 많이 보이는데, 추운 지방에서 잠을 잘 때 풍성한 털과 함께 잘 말리는 꼬리가 안면부를 감싸 체온유지를 하기에 적합한 형태를 가지게 된 것이다.

오터테일

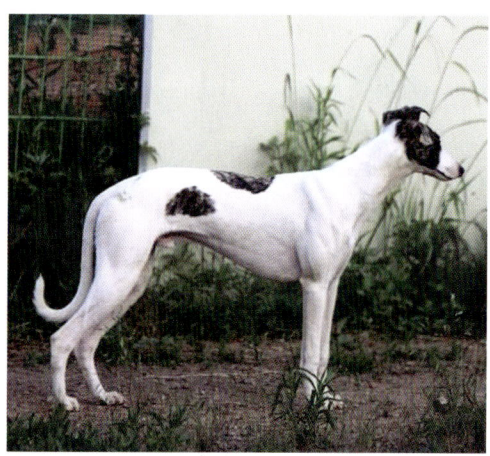
윕테일

다음은 오터 테일이다. 오터는 수달을 의미하는 영단어로 마치 수달의 꼬리와 같이 몸의 크기에 비해 두껍고 털이 많고 끝이 뭉툭한 형태를 하고 있다. 물에 닿는 표면적이 넓어 물에서 방향 전환을 하기에 좋은 두꺼운 형태의 꼬리이다.

다음은 윕 테일이다. 길고 가는 채찍 모양의 꼬리로, 주로 달리는 시각 하운드에서 많이 보이는 형태의 꼬리이다. 몸의 길이에 비해 길기 때문에 균형을 잡는데 더욱 효과적이므로, 안정성, 민첩성, 빠른 회전에서 도움이 되는 형태의 꼬리이다.

밥테일

덕테일

다음은 밥 테일이다. 거의 존재하지 않는 것처럼 보이는 아주 짧은 꼬리로, 유전자의 돌연변이로 나타나며, 주로 목축견에서 많이 보이는 형태의 꼬리이다.

마지막으로 덕 테일은 외과 수술로 절단한 꼬리를 말한다. 과거에는 필요에 의해 행해졌지만, 현대에는 미용의 목적이 대부분인 형태의 꼬리이다.

 덕 테일, 단미한 꼬리는 사냥, 싸움 등에서 꼬리와 같은 말단 부분이 공격을 많이 당하기도 하고, 말단 부분에 미세 혈관이 몰려 있어 부상을 당하면 출혈이 심했기에 이를 예방하기 위해 시작되었다. 목축견들은 가축을 몰다가 꼬리를 밟히는 경우를 대비해서 행해지기도 했다. 현대에는 사냥이나 싸움의 목적이 거의 사라졌기 때문에 대부분 미용의 목적으로 행해진다.

10.2 꼬리의 움직임

다음은 꼬리의 움직임에 대해 알아보자. 꼬리의 움직임은 개의 감정 상태에 따라 달라질 수 있다.

개의 꼬리가 움직인다는 것은 어떤 자극에 의해 감정상태의 변화가 일어났다는 것을 의미한다. 꼬리의 흔들기가 세질수록 흥분도가 높아졌다는 것을 의미하기도 한다.

먼저 꼬리가 빳빳하게 서 있는 경우에는 기질이 강하고 자신감이 있는 경우, 혹은 긴장하여 경직되어 있는 상태일 수 있다. 개와 인사를 나눌 때 정보를 탐색하며 긴장한 상태에서 나타나기도 한다.

꼬리가 처진 경우는 지치거나 심리적으로 편안한 상태라는 것을 의미한다.

다음으로 꼬리를 가랑이 사이로 넣는 경우는 긴장을 하고 있는 상태라고 볼 수 있다.

개가 신나고 즐거운 상태에서는 꼬리가 부드러운 느낌으로 좌우로 흔들리게 된다. 반대로 개를 경계하거나 공격의 태세를 갖추고 있을 때는 꼬리의 움직임에 곡선이 없고 마치 막대기처럼 꼬리가 경직된 상태로 좁은 범위 안에서 흔들리게 된다.

꼬리만으로 개의 감정 상태를 파악하기는 어려우므로, 전체적인 몸의 반응과 움직임을 살펴야 더 확실하게 감정 상태를 파악할 수 있다.

다음은 보행 속도 별 꼬리의 위치와 움직임에 대해 알아보자. 견종마다 골반의 각도나 척추의 구성이 다르기 때문에 꼬리가 붙는 위치도 상이하다. 하지만 보행 속도에 따라 꼬리의 위치와 움직임이 달라지는 것은 공통되게 확인할 수 있다.

먼저 개가 느린 보행일 때, 즉 걸을 때는 꼬리가 낮게 위치한다. 꼬리가 낮게 위치해서 다리의 움직임에 따라 자연스럽게 좌우로 흔들리는 것을 볼 수 있다.

다음은 트로트 보행, 개가 빠르게 걸을 때이다. 속도가 있는 보행으로 앞서 나온 느린 보행과 비교해 꼬리가 높게 위치한다. 좌우로 흔들림이 적긴 하지만, 역시 다리의 움직임에 따라 좌우로 흔들리는 것을 볼 수 있다.

다음은 갤럽 보행, 개가 질주할 때이다. 갤럽 보행에서는 꼬리가 높게 위치하고, 좌우로 흔들림이 적고 위아래로 움직이는 모습을 볼 수 있다.

보행의 속도가 빨라질수록 몸이 위아래로 많이 흔들리기 때문에 균형추의 역할을 하는 꼬리도 위아래로 움직이며 균형을 잡을 수 있게 되는 것이다. 또, 느린 보행에서는 사지만으로 몸을 지탱하기에 충분하지만 속도가 빨라질수록 꼬리가 무게중심선인 가운데에 모이며 좌우로 적게 흔들리는 것이다.

CHAPTER 06

보행법

 보행의 종류
 싱글 트래킹
 견종별 특정 보행법

다음은 보행법이다. 개의 보행법은 체형이나 스타일에 따라서 한 패턴의 보행을 선호하기도 한다. 사지나, 골반 척추 등 건강에 이상이 있는 경우에 통증이 있는 부위에 힘을 가하려고 하지 않기 때문에, 비정상적인 보행이 나타날 수 있다. 보행법의 종류와, 그에 따른 몸의 움직임에 대해 알아보자.

1 보행의 종류

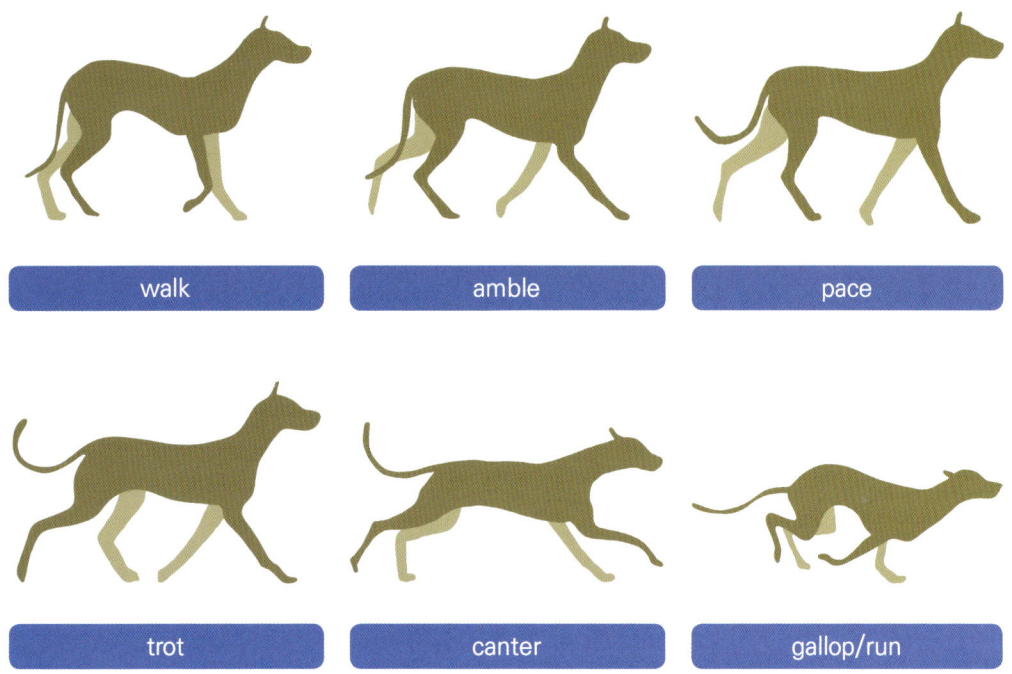

개의 주요 보행에는 워크, 앰블, 페이스, 트로트, 캔터, 갤럽이 있다.

1.1 워크 walk

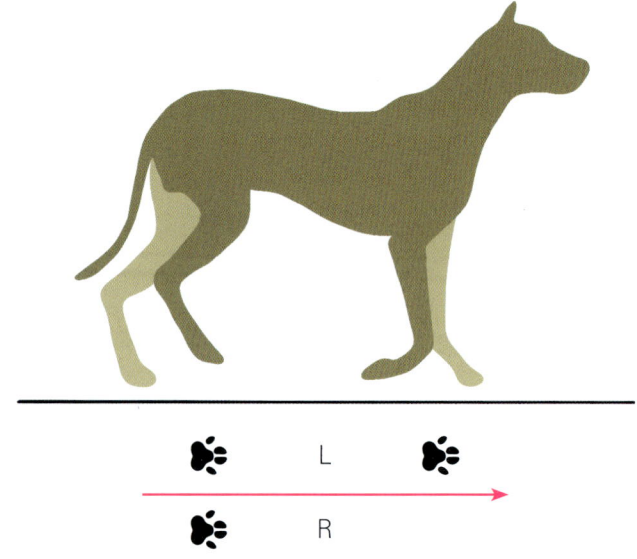

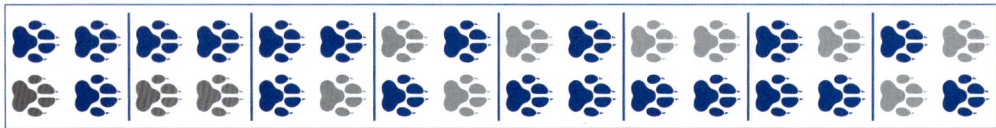

　워크는 가장 느린 패턴의 보행으로 평상시의 보행이다. 앞발과 뒷발이 교차되는 시점을 제외하고는 몸을 지탱하기 위해 지면에 3개의 발이 붙어 있다. 규칙적인 순서로 발을 하나 하나 들어올리며 보행하는 형태이다. 한 발씩 따로 움직이기 때문에 4박자로 보행이라고 볼 수 있다.

1.2 앰블 amble

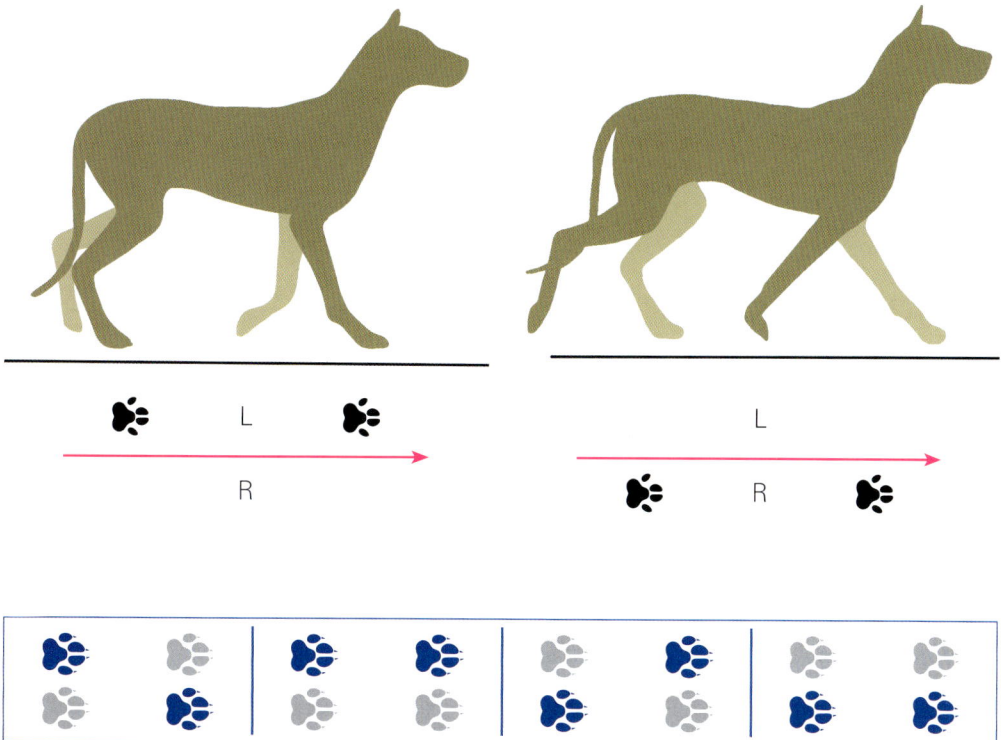

다음은 앰블이다. 앰블은 워크보다는 조금 더 빠른 보행으로, 같은 쪽의 다리가 거의 한 쌍으로 움직이지만, 미세하게 차례대로 지면에 닿는 모습을 볼 수 있다. 워크와 마찬가지로 미세하지만 각 발이 따로 움직이기 때문에 4박자 보행이라고 볼 수 있다.

1.3 페이스 pace

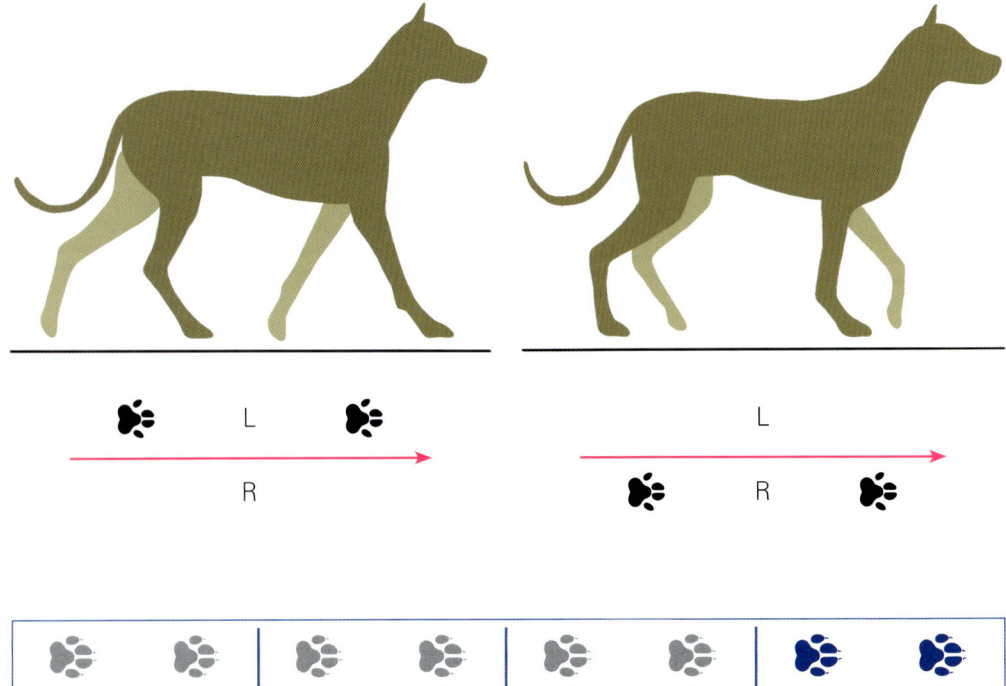

다음은 페이스이다. 앰블보다는 조금 더 빠른 보행이다. 같은 쪽의 다리가 정확하게 한 쌍으로 움직이는 것을 볼 수 있다. 같은 쪽 다리가 한 쌍으로 움직이기 때문에 2박자의 보행이라고 볼 수 있다.

1.4 트롯 trot

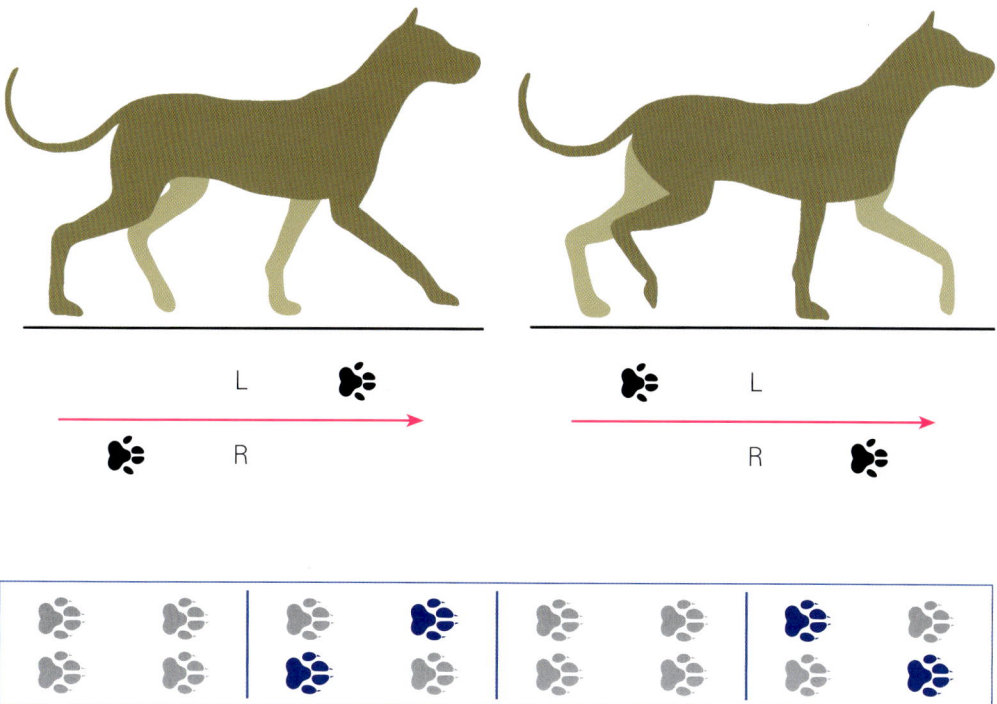

다음은 트로트이다. 총총거리며 뛰는 느낌의 보행이고, 앞다리와 반대쪽 뒷다리가 함께 앞으로 움직이는 빠른 보행이다. 페이스와 달리 서로 교차되는 위치에 있는 다리가 동시에 움직이는 보행이라고 생각하면 쉽다. 트로트는 다리가 교차되는 정말 짧은 시간 동안 모든 다리가 공중에 떠 있다는 것이 특징이다. 교차되는 위치의 다리가 한 쌍을 이뤄 2박자의 보행이라고 볼 수 있다.

1.5 캔터 canter

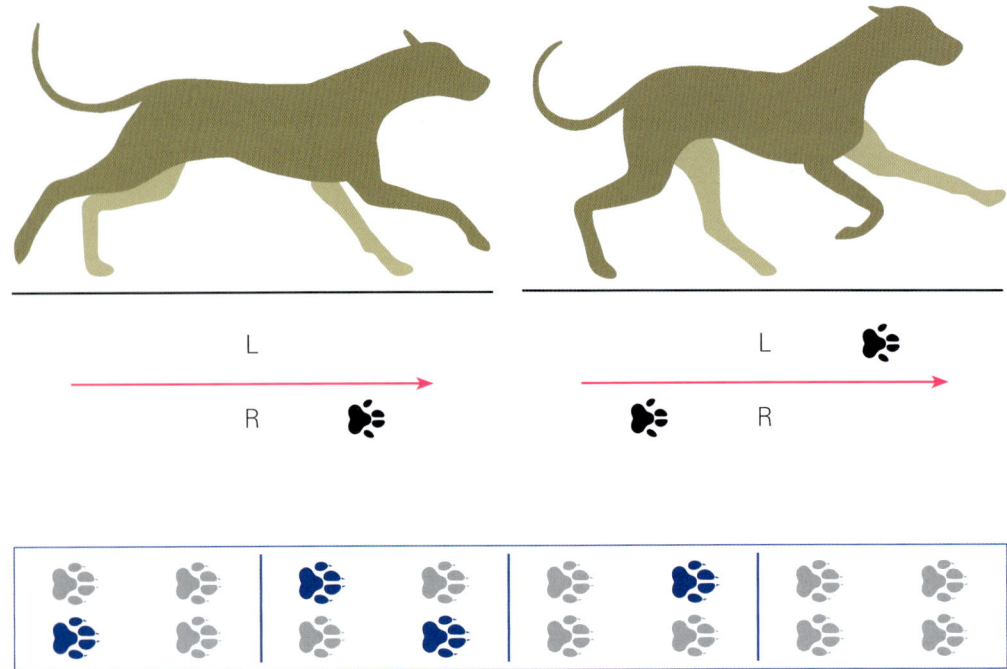

다음은 캔터이다. 캔터는 겅중겅중 뛰는 느낌의 보행이다. 먼저 뒷다리 하나가 지면을 밟고, 그 반대쪽 뒷다리와 교차되는 위치의 앞다리가 지면을 밟고, 마지막으로 남은 앞다리가 지면을 밟는 순서로 보행하는 총 3박자의 보행이라고 할 수 있다.

1.6 캘럽 gallop/run

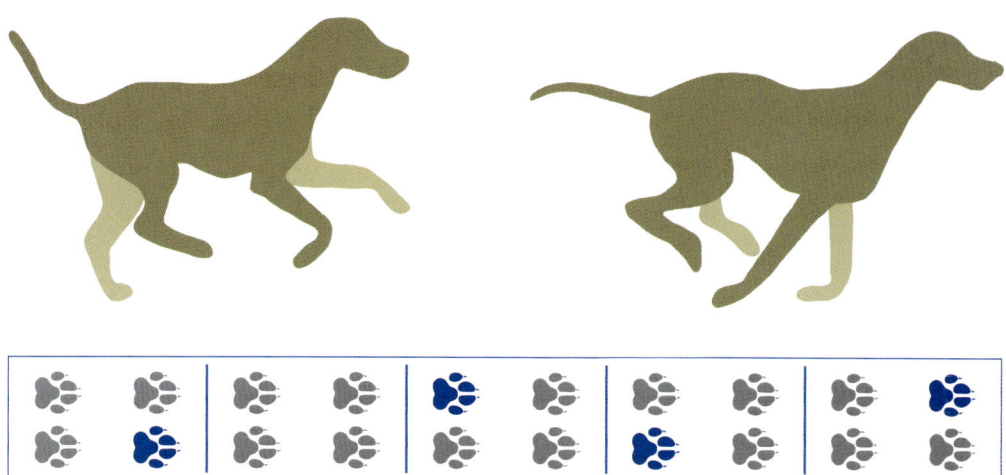

다음은 갤럽이다. 갤럽은 싱글 서스펜션 갤럽과 더블 서스펜션 갤럽으로 나뉜다. 서스펜션이라고 하는 것은 정지라는 뜻으로 네 발이 모두 지면에서 뜬 상태로 일시 정지하는 것을 의미한다. 먼저 싱글 서스펜션 갤럽은 개가 왼쪽 뒷다리, 오른쪽 뒷다리, 왼쪽 앞다리, 오른쪽 앞다리 순으로 지면을 차고 앞다리가 지면을 짚고 뒷다리를 앞쪽으로 끌고 올 때 공중에서 1회 정지하게 된다.

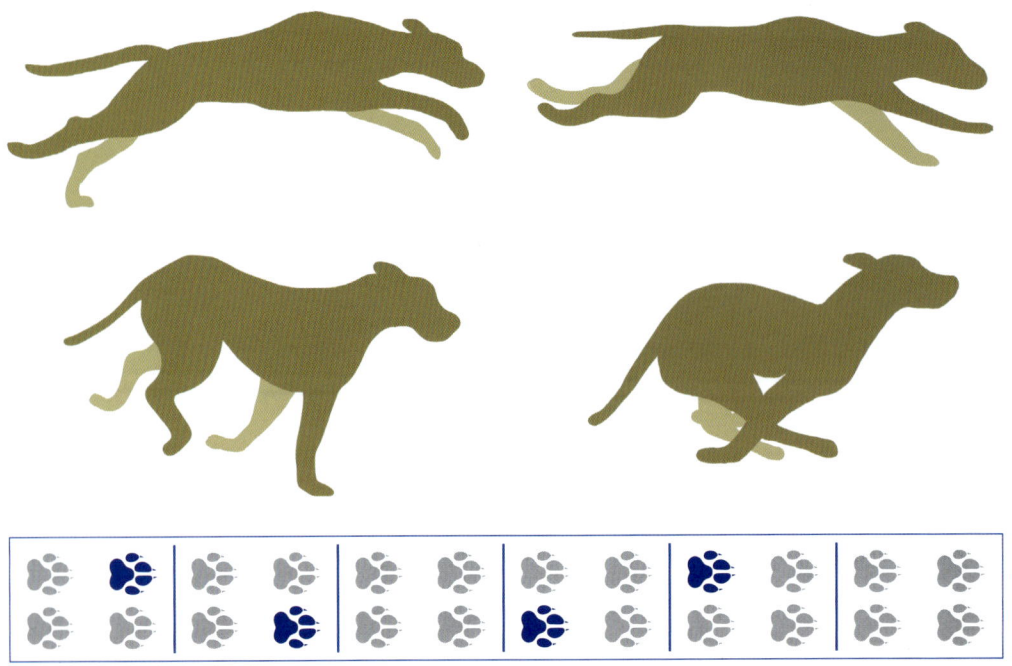

반대로 더블 서스펜션 갤럽의 경우에는 말 그대로 공중에서 2회의 정지가 이루어지는 갤럽의 형태이다. 왼쪽 앞다리, 오른쪽 앞다리 순으로 지면을 짚고 뒷다리를 앞으로 끌고 올 때 1회 정지한 후에 오른쪽 뒷다리 왼쪽 뒷다리 순으로 지면을 차고 다시 한번 1회 정지하게 된다. 허리의 유연성을 통해 갤럽에서 최대의 보폭을 낼 수 있는 시각 하운드가 가지는 갤럽의 형태이다.

개가 갤럽으로 질주할 때 골반을 최대한 몸 아래로 가져오는데, 이는 뒷다리를 최대한 앞쪽으로 가져와서 큰 보폭을 내기 위함이다. 골반이 너무 평평하거나 가파르게 위치하면 골반이 부드럽게 접혀 앞쪽으로 뒷다리를 가져오는 것이 어려워진다. 뒷다리가 지면을 차고 그 힘을 골반, 요추, 흉추, 경추에 이르기까지 일직선이어야 스프링과 같이 큰 힘을 낼 수 있기 때문에, 정상적인 척추의 방향이 직선을 이루는 것이 좋다.

2 싱글 트래킹

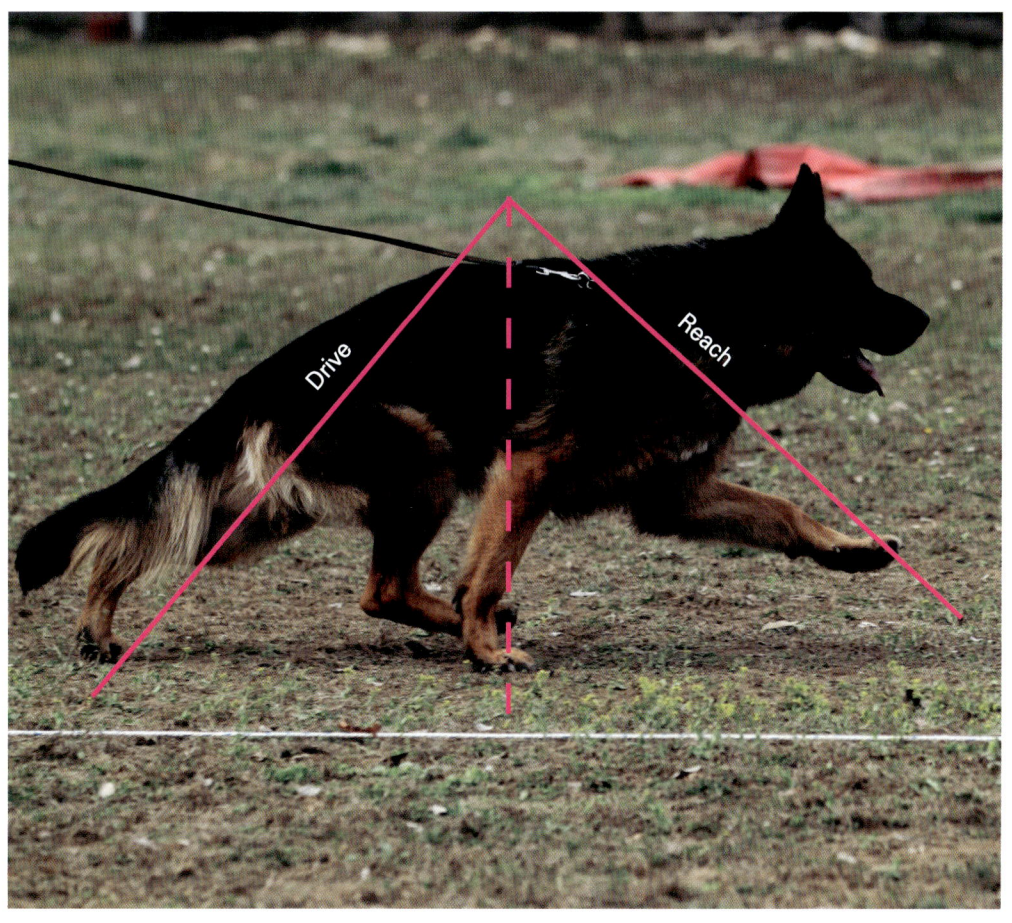

　다음은 싱글 트래킹에 대해 알아볼텐데, 개가 걷다가 트로트 보행으로 바뀔 때, 개의 발이 몸의 무게중심선을 향해 모이면서 균형을 더 잘 유지할 수 있도록 한다. 걷기 보행에서는 3개의 다리로 몸을 지탱하면서 걸을 수 있지만, 트로트 보행에서는 2개의 다리로만 몸을 지탱해야 하기 때문에 지지력이 많이 떨어지게 된다. 지지력, 균형을 보완하기 위해서 다리가 몸 바로 아래의 무게중심선을 향해 뻗게 되는 것이다. 실제로 사람도 다리를 벌리고 뛰면 몸이 좌우로 많이 흔들리는 것을 느껴볼 수 있다.

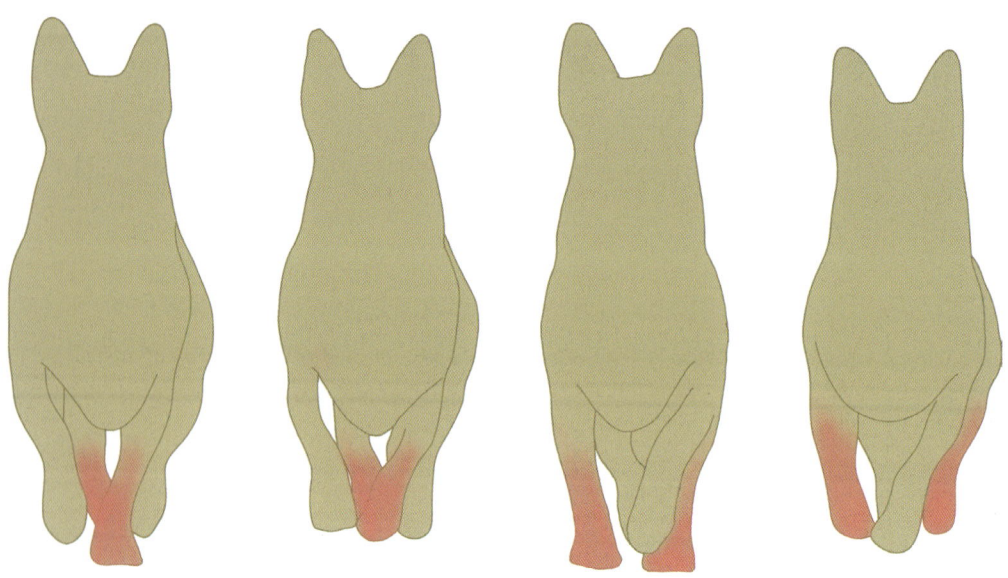

　키와 다리 길이가 싱글 트래킹에 영향을 줄 수 있다. 올드 잉글리시 쉽독이나, 그레이트 덴 처럼 너무 키가 크고 다리가 길면 다리가 교차 될 때 부딪힐 가능성이 크기 때문에 싱글 트래킹을 할 수 없다. 그리고 불독과 같은 경우에는 다리 길이에 비해 넓은 흉곽을 가지고 있어서 앞다리가 싱글트래킹을 하기에 가슴이 장애물이 되어 싱글트래킹을 할 수 없다.

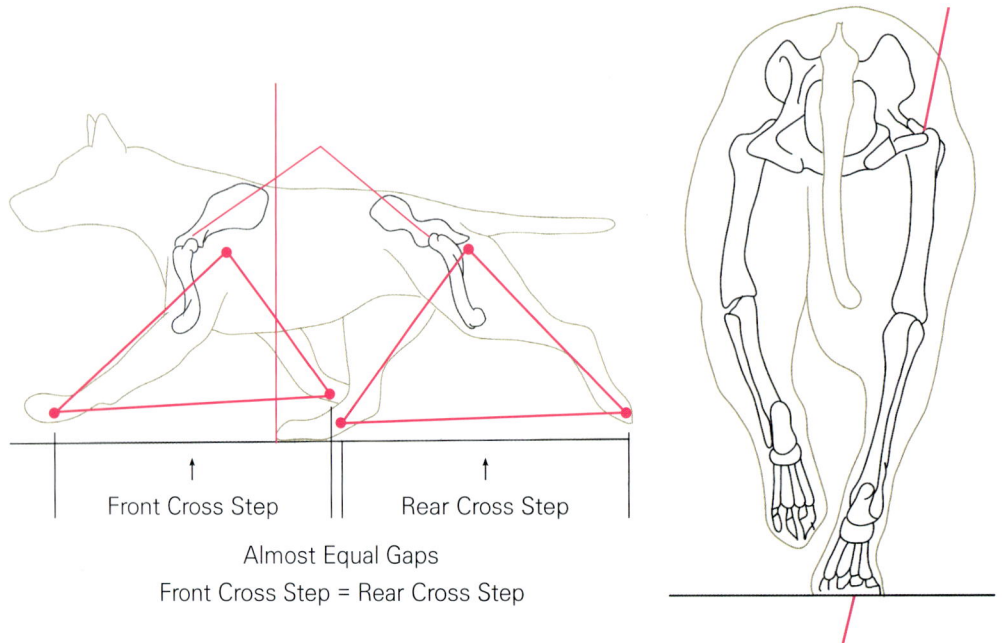

트로트에서 개의 앞다리가 이루는 보폭이 뒷다리가 이루는 보폭과 같아야 앞 뒷다리가 서로 방해받지 않는 보행이 가능하다. 앞 뒷다리가 같은 보폭을 이루기 위해서는 같은 각도로 지면을 차며 나아가야 하기 때문에 앞서 계속 언급했던 사지의 각도가 이처럼 보행에 있어 영향을 주기 때문에 중요한 것이다. 그리고 지면에 닿는 다리는 일직선을 이루어야 한다. 그래야 효율적인 힘의 전달이 가능하기 때문이다.

3 견종별 특정 보행법

 다음은 견종별로 보이는 특정 보행법에 대해 알아보자. 먼저 미니어쳐 핀셔가 가지는 해크니 보행이다. 해크니 보행은 앞발을 앞으로 뻗을 때, 손목을 구부리며 위쪽을 향해 뻗는 듯한 보행이다. 해크니는 하퇴부가 길기 때문에, 앞발이 뒷발의 움직임에 방해가 되지 않도록 앞발이 매우 빠르고 높게 움직이는 것이다. 가동범위가 넓어서 빠르게 지칠 수 있는 보행이다.

다음은 저먼세퍼드의 저신활대 보행이다. 저먼세퍼드는 트로트 보행을 할 때 힘을 들이지 않고 나아가는 듯한 움직임으로 넓은 보폭을 만들며 보행할 수 있다. 경사진 탑라인을 가진 개체를 위주로 교배되며 낮은 무릎의 높이로 인해 더 넓은 보폭을 만들 수 있는 것이다.

다음은 네오폴리탄 마스티프의 페이스 보행이다. 앞서 나왔듯이 같은 쪽의 발이 한 쌍으로 움직이는 보행으로, 충격을 흡수하는 편안한 보행이어서, 대형견이나 뚱뚱한 개에게서 자주 볼 수 있다. 네오폴리탄 마스티프를 포함한 특정 종에서는 쇼에서 페이스 보행이 감점 사유가 되지 않는다.

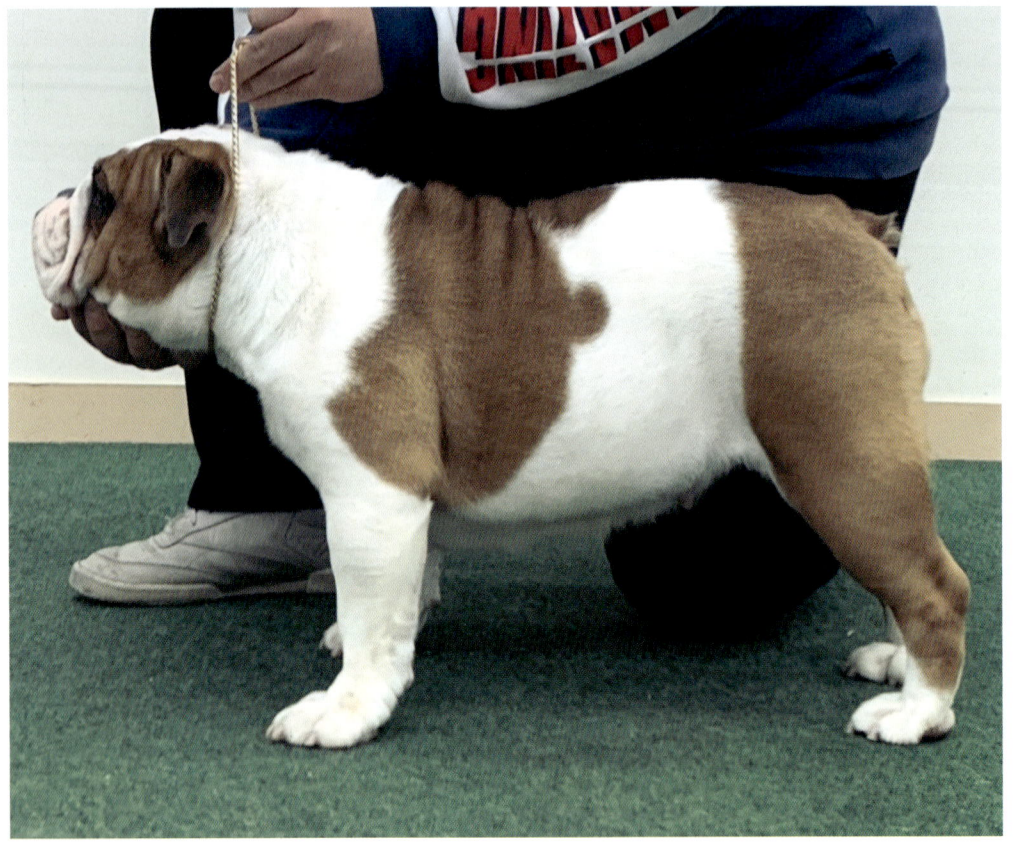

다음은 불독의 롤링이다. 보행할 때 뒷다리가 좌우로 흔들리는 것을 말한다. 뒷다리에 비해 앞다리가 짧아 높은 엉덩이를 가지고 있고 동시에 어깨가 넓어 구조상 좌우로 흔들리는 롤링이 발생하게 되는 것이다.

한 권으로 끝내는 **견체학**

지은이 • 차지호, 구태호, 이혜영, 김민찬, 박소희, 송창훈
펴낸이 • 최 효 진
펴낸곳 • 탐진출판사

        등 록 제2022-000343호
        서울시 마포구 신수로 27-1
        Tel. 02) 715-1093 / Fax. 02) 701-6391
        Email. tamjin2022@naver.com
        Homepage. www.tamjin.co.kr

저자와의
협의하에
인지 생략

2024. 8. 23. 초판 인쇄
2024. 8. 30. 초판 발행

ISBN 979-11-93595-17-6 13490   정가 20,000원

• 잘못된 책은 바꿔드립니다.
• 본서를 무단으로 복제 · 전재할 경우 저작권법에 저촉됩니다.